目 录

第一单元　口语体单元 …………………………………………… 1
　第一节　听故事　复述 …………………………………………… 1
　第二节　听介绍　情境模拟 ……………………………………… 10
　第三节　听访谈　评述内容 ……………………………………… 17
　第四节　听音乐　谈感受 ………………………………………… 25

第二单元　实用性阅读单元 ……………………………………… 35
　第一节　通过有效途径　找到所需资料 ………………………… 35
　第二节　识别有效信息　归纳内容要点 ………………………… 42
　第三节　整理所需资料　会做简明摘要 ………………………… 52
　第四节　采取有效方式　确认资料内容 ………………………… 60

第三单元　接受性阅读单元 ……………………………………… 71
　第一节　整体感知课文 …………………………………………… 71
　第二节　理清文章思路 …………………………………………… 79
　第三节　提炼文章主旨 …………………………………………… 85

第四单元　写作单元 …………………………………… 93
　　第一节　审题与文体确定 …………………………… 93
　　第二节　立意与选材把握 …………………………… 102
　　第三节　条理清楚地说明事物 ……………………… 110
　　第四节　写出人物的个性 …………………………… 119

编委会

统稿： 杨海兵　张艺东

编委： 刘克勤　杨海兵　张艺东　秦菊兰
　　　　张　立　毛振东　陈　萍　张　力
　　　　刘雨晴　潘叔续　张慧琳

国/家/级/职/业/教/育/创/新/规/划/教/材

Practical Language

综合训练册 上册

实用语文

深圳技师学院公共课教育部文科教研室 编

经济管理出版社
ECONOMY & MANAGEMENT PUBLISHING HOUSE

图书在版编目（CIP）数据

《实用语文》综合训练册. 上册/深圳技师学院公共课教育部文科教研室编. —北京：经济管理出版社，2012.7（2015.7 重印）
ISBN 978-7-5096-2059-5

Ⅰ.①实… Ⅱ.①深… Ⅲ.①大学语文课—高等职业教育—习题集 Ⅳ.①H19-44

中国版本图书馆 CIP 数据核字（2012）第 171048 号

组稿编辑：刘　宏
责任编辑：王　琼
责任印制：杨国强
责任校对：李玉敏

出版发行：经济管理出版社
（北京市海淀区北蜂窝 8 号中雅大厦 A 座 11 层　100038）
网　　址：www.E-mp.com.cn
电　　话：(010) 51915602
印　　刷：三河市延风印装厂
经　　销：新华书店
开　　本：880mm×1230mm/32
印　　张：4.25
字　　数：103 千字
版　　次：2012 年 8 月第 1 版　2015 年 7 月第 2 次印刷
书　　号：ISBN 978-7-5096-2059-5
定　　价：16.00 元

·版权所有　翻印必究·
凡购本社图书，如有印装错误，由本社读者服务部负责调换。
联系地址：北京阜外月坛北小街 2 号
电　话：(010) 68022974　邮编：100836

第一单元 口语体单元

第一节 听故事 复述

一、字词积累

1. 下列各组词语中加点字注音完全正确的一组是（　　）

A. 脾（pí）气　　　铁锤（chuí）
　　拔（bō）掉　　　骁（xiǎo）勇善战

B. 栅（zà）栏　　　控（kòng）制
　　揣（chāi）着　　装模（mú）作样

C. 瞩（zhǔ）目　　　崭（zhǎn）新
　　疤痕（hén）　　　放浪形骸（hái）

D. 赃（zhāng）物　　　兜（dōu）子
　　颤（zhàn）抖　　　水乳交融（róng）

2. 下列各组词语中没有错别字的一组是（　　）

A. 笨绌　垂头丧气　扭转乾绅　无事生非
B. 沮丧　朝气篷勃　蓊蓊郁郁　震聋发聩
C. 储备　惶恐不安　心慌意乱　钻之弥坚
D. 贪婪　没精打彩　逐心省力　风雨如晦

3. 下面加点字或词语解释全对的一组是（　　）

A. 不拘一格：限制
　 瘦骨嶙峋：形容瘦削
　 啜泣：抽噎，抽抽搭搭地哭
B. 高屋建瓴：盛水的瓶子
　 旷野：时间长
　 斟满：往杯或碗里倒（茶、酒等）
C. 堪称一绝：可以称作
　 归省：审查
　 敕令：皇帝的诏令
D. 恍然大悟：形容忽然醒悟
　 瞩望：期待；期望
　 造诣：临近

4. 下列句子中，加横线的词语使用恰当的一项是（　　）

A. 有人把那些只读书而<u>不假思索</u>的人称为"书橱"，也有人称这种人为"书虫"、"书迷"、"书呆子"。

B. 在《幻城》和它的作者已经被炒得甚嚣尘上的时候，再来谈论就难免有些<u>狗尾续貂</u>的尴尬。

C. 他准备出售自己珍藏多年的字画，并把出售所得捐赠给山区的孩子读书，但后来字画不慎遗失使他的计划成了<u>纸上谈兵</u>。

D. 去年三月，美国悍然发动了军事力量对比悬殊的伊拉克战争，老百姓形象而戏谑地称美国人是"高射炮打蚊子"。

5. 下列句子中，没有语病的一句是（　　）

A. 前进三路乒乓球馆是经体育局和民政局批准的专门推广乒乓球运动的团体。

B. 今年3月9日，韩国在野的大国家党和民主党向国会提出了弹劾总统卢武铉。这在韩国宪政史上尚属首次。

C. 以"城市，让生活更美好"为主题的上海世博会，让肤色不同、语言不同的人们在这样一个巨大的平台上共同寻找答案。

D. 我们历来主张向外国著名的IT巨头公司借鉴，而且事实上已经这样做了；但我们也历来主张反对盲目照搬，全盘西化——事实证明，这样做极端有害。

6. 把下面几个句子组成语意连贯的一段文字，排序正确的一项是（　　）

①从生根发芽开始，它要经过多年的等待才能在某个雨水充足的春天盛开出唯一的一朵小花。

②然而，只要它不曾放弃，便总有一天能昂起头颅，高傲地盛开。

③飞沙走石的戈壁上，有一种叫做依米的小花。

④黄沙肆虐，酷暑严寒，依米要经过多少风吹雨打？

⑤纵然无人欣赏，那也是一种向自然挑战的勇气。

A. ②④③①⑤　　　　　B. ③①④②⑤
C. ③②①④⑤　　　　　D. ①⑤③④②

二、修辞运用

（一）填空题

1. 通感修辞格又叫"_____"，就是在描述客观事物时，用形象的语言使感觉转移，将人的听觉、_____、_____、_____、_____等不同感觉互相沟通、交错，彼此挪移转换，将本来表示甲感觉的词语移用来表示乙感觉，使意象更为活泼、新奇的一种修辞格。

2. 通感技巧的运用，能突破_____的局限，丰富表情达意的审美情趣，起到增强_____的艺术效果。

（二）单项选择题

1. 下列句子没有使用通感修辞手法的一项是（   ）

A. 你笑得很甜。

B. 房子的右边是绿茸茸的草坪，像一支充满幽情的乐曲。

C. 白发三千丈，缘愁似个长。

D. 浪花向上抛，开成千万朵盛开的白莲。

2. 与"微风过处，送来缕缕清香，仿佛远处高楼上渺茫的歌声似的"一句中运用的修辞手法相同的一项是（   ）

A. 大地滋养出一个黑色的精灵，在古朴的宣纸上翩翩起舞。

B. 这些字帖挂在我们课桌的铁杆子上，就像许多面小国旗在教室里飘扬。

C. 唱了十数句后，渐渐的越唱越高，忽然拔了一个尖儿，像一线钢丝抛入天际，不禁暗暗叫绝。

D. 残星几点雁横塞，长笛一声人倚楼。

3. 对下列句子运用的修辞手法，判断无误的一组是（　　）

①墙上芦苇，头重脚轻根底浅；山间竹笋，嘴尖皮厚腹中空。
②我的心痛得像刀绞一样。
③对于共产党员来说，个人地位只是"大海中之一滴"罢了。
④风随柳转声皆绿，麦受尘欺色易黄。

A. ①对偶、比喻　②比喻　③引用、比喻　④比喻、对偶
B. ①对偶、讽刺　②比喻　③引用、夸张　④比喻、通感
C. ①夸张、比喻　②比喻　③引用、比喻　④夸张
D. ①对偶、夸张　②夸张　③引用、比喻　④象征

4. 对下列句子的修辞手法及其表达作用的解释，不正确的一项是（　　）

A. "这个手术我来给你做，希望你能配合。"话语轻柔得像一团云，一团雾。不，像一团松软的棉球，轻轻地擦着病痛的伤口。——"棉球"这个喻体贴切，不仅符合医生职业的特点，而且切合患者当时的心态。

B. 声声燕语明如剪，呖呖莺歌溜的圆。——此句将"燕语"、"莺歌"比喻成"剪"、"圆"，描绘出了声音的妙处，既贴切，又形象。

C. 江上的景色越发奇丽。两岸都是悬崖峭壁，累累垂垂的石乳一直浸到江水里面，像莲花，像海棠叶，像一挂一挂的葡萄，也像仙人骑鹤，乐手吹箫……说不定你忘记自己在漓江上了呢？——用多个比喻表现漓江两岸石乳的千姿百态，进而表现了漓江景色的奇丽。

D. 小雪和妹妹常常不吃晚饭，就跑到海边，把自己焊在礁石上，听潮起潮落，看日沉日升。——用拟物的方法夸大听潮观海的痴迷程度，形象生动，有感染力。

（三）仿照下面的示例，自选话题另写两个句子，要求使用通感的修辞手法，句式与示例相同

示例1：歌声，像那黑天上的星星，越听越灿烂。

仿句：

示例2：塘中的月色并不均匀，但光与影有着和谐的旋律，如梵婀玲上奏着的名曲。

仿句：

三、知识链接

（一）填空题

1. 复述，富有_____，能把_____、_____、_____三者有机地结合起来，使之融为一体。

2. 听话能力的四要素包括：_____，理解能力，_____，_____。

3. 复述的要求有_____，_____，_____。

（二）单项选择题

1. 倾听时不正确的方法是（　　）

A. 不要随意打断对方说话

B. 对方说话时自己要思考

C. 要有关注的目光和恰当的表情

D. 完整理解对方的意思再发表观点

E. 倾听要以自我为中心

2. 倾听时表示赞成、肯定或礼貌、问候的时候一般用（　　）

A. 低头　　　　　B. 摇头　　　　　C. 仰头

D. 侧头　　　　　E. 点头

3. 复述的分类形式不包括（　　）

A. 详细复述　　　　　B. 一般复述

C. 简要复述　　　　　D. 创造性复述

（三）简答题

1. 听话的要求有哪些？

2. 听话的技巧有哪些？

3. 什么是复述？

四、听读理解

（一）听《启功先生趣闻》，完成表格填写

项目	问题	答案
记忆能力	请写出几句启功的墓志铭。	
	写出启功的出身、学历、职称、晚年生活及身体状况。	
理解能力	启功为什么不愿做皇族？	
延伸理解	你如何评价启功？	

（二）听《陆游书巢勤学》故事，回答下列问题

1. 陆游是个很有志向的人，不仅勤学而且苦练，他的誓言是什么？

2. 父亲说陆游房子里的书多得像个窝，陆游则起名为"书巢"，你可能也有属于自己学习的小屋，请你根据小屋布置等特点起个名字，并说明理由。

3. 你觉得陆游的父亲这种教育方法好吗？请用评述法谈谈你的观点。

五、技能拓展

语文学习其实就是四项基本能力的训练：听、说、读、写。复述作为"说"这项能力的重要训练手段，有利于提高学生口头表达能力，培养概括能力和创造能力，促进社会交际能力，同时在训练记忆能力、发展逻辑思维能力、提高写作能力等方面都有很重要的作用。

请同学们运用复述的有关知识，通过听故事完成以下训练。

1. 听《苏东坡应试》的故事，完成表格填写。

项目	问题	答案
记忆能力	同样是感叹，王维是怎么说的？	
	苏轼和弟弟贴的对联内容是什么？	
理解能力	苏轼认为只有怎样才能写出好诗？	
	怎样才能成为国家的栋梁之才？	
	苏轼是如何回答欧阳修说他的诗不合格律？（简答）	
延伸理解	"三苏"分别是谁？	
	请写出几句苏轼的诗或词。	①
		②
		③

2. 抽签复述故事。

要求：以抽签的形式，采用不同的方法进行复述。

①贴近原文复述。

②简要复述。

③改变人称复述。

④改变结构复述。

第二节　听介绍　情境模拟

一、字词积累

1. 下列各组词语中加点字注音完全正确的一组是（　　）
   A. 峥嵘（róng）　　　反馈（gùi）
      磕（kē）绊　　　　汗流浃（jiá）背
   B. 浪遏（è）　　　　惆怅（càng）
      颠簸（bǒ）　　　　引吭（kàng）高歌
   C. 濒（píng）临　　　壬（rèn）戌
      纤（xiān）巧　　　方兴未艾（ài）
   D. 戕（qiāng）害　　　乖僻（pì）
      蛮横（hèng）　　　瞠（chēng）目结舌

2. 下列各组词语中没有错别字的一组是（　　）
   A. 仓惶　阿谀逢迎　垂涎三尺　凤兴夜寐
   B. 葱茏　繁芜丛杂　一蹴而就　色厉内荏
   C. 惶惑　骇人听闻　熠熠发光　好易恶劳
   D. 坎轲　迥乎不同　直言不诲　越俎代疱

3. 下列句子中，加横线的词语使用恰当的一项是（　　）

A. 有德之人不会以权谋私，不会贪污受贿，虽然清贫点，但活得坦荡，没有<u>水落石出</u>之虑，也没有半夜敲门之惊。

B. 他俨然像个大款，头上<u>冠冕堂皇</u>，身上大衣笔挺，脚上皮鞋锃亮。

C. 到了秋天，果实成熟，植物的叶子渐渐变黄，在秋风中簌簌地落下来。北雁南飞，活跃在田间草际的昆虫也都<u>销声匿迹</u>。

D. 工会准备组织职工去九寨沟旅游，大家兴致勃勃，小张更是<u>推波助澜</u>，积极鼓动年轻人提出要搞生态自助游。

4. 下列句子中，没有语病的一句是（　　）

A. 听了老师的一番话，很受教育。

B. 我们主张社会利益与个人利益一致、贡献与索取一致的观点，并不是主张把人生的价值仅仅归结到对个人需要的满足和个人向社会的索取上。

C. 艺人们过去一贯遭白眼，如今却受到人们热切的青睐，就在这白眼和青睐之间，他们体味着人间的温暖。

D. 这些事故给人民生命财产造成重大损失，究其原因，主要是一些主管领导和管理部门对安全生产没有引起高度重视。

5. 把下面几个句子组成语意连贯的一段文字，排序正确的一项是（　　）

①科学研究表明，这些"探雷蜜蜂"只需要接受短短几天训练，就可以适应搜索地雷的要求。

②目前世界各地约有1.1亿颗地雷等待排除，每年约有2.6万人因触雷而死或致残。

③因为蜜蜂在长期生存竞争中形成的嗅觉十分敏锐，可以识别出狗无法分辨的许多种细微气体。

④为什么蜜蜂能有这种本领？

⑤小小蜜蜂可以为搜寻这些重大隐患开辟新路并做出贡献。

⑥加之这种昆虫经常是群体出动,因此在搜索同样面积的情况下,它们的工作远远比狗更有效。

A. ④②③⑤①⑥ B. ⑤③①④②⑥
C. ②⑤④③⑥① D. ①③⑤④⑥②

二、修辞运用

(一)填空题

排比是一种修辞手法,利用_____或三个以上_____相关或相近,_____相同或相似和_____相同的词组(主谓/动宾)或句子并排,达到一种加强语势的效果。

(二)判断题(对的打"√",错的打"×")

1. 排比是三项或更多项的平行排行。(   )
2. 排比每项的字数可以不完全相等。(   )
3. 排比不可以反复使用相同的词语。(   )

(三)单项选择题

1. 下列句子的修辞手法是排比的一项是(   )

A. 芦苇倒映在清凌凌的河水里,显得更绿了;天空倒映在清凌凌的河水里,显得更蓝了;云朵倒映在清凌凌的河水里,显得更白了。

B. 一阵风吹来,一池的荷花都在舞蹈。蜻蜓飞过来,告诉我清早飞行的快乐;小鱼在脚下游过,告诉我昨夜做的好梦。

C. 别看小草的身躯是那样的柔弱,却有着惊人的生命力。狂风暴雨休想摧垮它;洪水、干旱不能灭绝它;即使是车轮将它碾得粉身碎骨,不用多久,它又会从地下挺直身躯,开始新的生活。

D. 有的青苔，形状也很有趣，如耕牛，如牧人，如树木，如云霞；有的整片看来，布局宛然一幅青绿的山水画。

2. 修辞手法与其他三项不同的一项是（　　）

A. 有喜有忧，有笑有泪，有花有草，有香有色，这就是养花的乐趣。

B. 因为红色是火的颜色，是血的颜色，是旗帜的颜色。

C. 桂林的山真秀啊，像翠绿的屏障，像新生的竹笋，色彩明丽，倒映水中。

D. 芦苇，一片片，一簇簇，远看犹如一朵朵绿色的轻云在地平线上飘拂着，给乡村平添了一道风景。

3. 下面的句段中都使用了两种以上的修辞方法，判断正确的一项是（　　）

①春天的雨像牛毛，像细丝，像绣花针。

②海自己醒了，喘着气，转侧着，打着呵欠，伸着懒腰，抹着眼睛。

③这种像棉团似的云是什么？哦，原来是积雨云。

A. ①比喻、排比　②排比、拟人　③比喻、设问

B. ①夸张、排比　②排比、拟人　③反问、拟人

C. ①夸张、比喻　②比喻、拟人　③比喻、设问

D. ①比喻、排比　②排比、比喻　③比喻、反问

（四）仿写

1. 仿照下面的例句，以"渴望理解"或"热爱生活"作开头写一句话。

你希望成才吗？那么从现在开始努力吧，因为奋斗才能成功。

你渴望理解吗？_____。

你热爱生活吗？_____。

2. 在下列横线上，仿照例句再续写两个句子。

人活着不是单靠食物的，还要有春天百花散发的缕缕芳香，

夏日碧水带来的阵阵清凉，秋天_____，冬日_____。

三、知识链接

(一) 填空题

1. 介绍是一种常见的_____方式，使交际双方可以尽快加深_____、消除_____、沟通_____。

2. 对人、事、物的介绍，既不能_____，也不能_____，都必须实事求是。

3. 介绍企业要说明企业的性质、_____、_____、_____等。

(二) 多项选择题

1. 介绍他人或自己的目的是使人们（　　）

　　A. 彼此认识便于交往　　　　B. 宣传自我形象和价值

　　C. 留下深刻印象　　　　　　D. 更好地介绍他人

2. 事物类介绍，抓住事物的特征不包括（　　）

　　A. 形状　　　　B. 方位　　　　C. 本质

　　D. 性质　　　　E. 种类

3. 介绍的顺序不包括（　　）

　　A. 空间顺序　　　B. 抽象思维顺序　　　C. 逻辑顺序

　　D. 形象思维顺序　E. 时间顺序

(三) 简答题

1. 介绍的要求有哪些？

2. 介绍的技巧有哪些?

四、听读理解

(一) 观看《**3G 手机介绍**》视频,回答问题

1. 3G 手机与普通手机相比,有哪些特点?

2. 3G 手机有哪些功能?

3. 3G 手机对于我们的生活会有哪些改变?

4. 假设你是一名 3G 手机销售员,你准备怎样向顾客介绍这款新手机?

(二) 听《桂林山水》介绍,回答下列问题

1. 桂林山水是按怎样的顺序介绍的?

2. 介绍时抓住了桂林山水哪些特征？

特征：
(水) { ( ) _____
      ( ) _____
      ( ) _____

( ) { ( ) _____
      ( ) _____
      ( ) _____

3. 游漓江为什么会有"舟行碧波上，人在画中游"的感觉？

4. 假如初中同学来看你，请你以导游的身份向同学介绍所在校园。

五、技能拓展

介绍是社交中常见而重要的手段。掌握了介绍的技巧就等于掌握了一把通往社交之门的钥匙。特别是对职业人来说，经常需要与生人打交道，了解了这些介绍技巧就能帮助其更好地进行社交活动，而对职场新人无疑更是入门指南。

请同学们运用介绍的有关知识，根据下面的主题及要求完成以下介绍。

主题：

深圳市任一景点介绍。

你所在系的专业介绍。

对近期关注的人物进行介绍——如新闻人物、体坛人物、个性平民等,重点介绍他们对社会产生的影响、社会价值,你介绍他们的目的是什么?

要求:①分组抽签,确定主题,收集资料。
②必须有纸件资料、摄影、录像资料。
③制作PPT课件展示。

第三节 听访谈 评述内容

一、字词积累

1. 下列各组词语中加点字的读音完全相同的一组是( )
A. 差使 差生 参差 差池 差强人意
B. 哄笑 起哄 哄骗 哄逗 哄抢 一哄而散
C. 为何 为所欲为 为难 为虎傅翼
D. 缪奖 缪种 纰缪 缪论 缪误 大缪不然

2. 下列各组词语中没有错别字的一组是( )
A. 以身作则 翔实 大庭广众 芙蕖
B. 励精图治 精采 满腹经纶 歧义
C. 融会贯通 怯懦 提纲挈领 榆夹

D.喋喋不休　陷井　众口铄金　宣泄

3. 依次填入下列各句横线处的词语，最恰当的一项是（　　）

①苏老泉从27岁开始_____读书，终于成为"古文八大家"之一。

②这本书的_____部分写得很精彩，可以说是全书的纲。

A. 发愤　绪言　　　　　　B. 发奋　序言
C. 发奋　绪言　　　　　　D. 发愤　序言

4. 填入下列画横线部分最恰当的一项是（　　）

网络这个_____的管道，已经延伸到了世界的每一个角落，成为人们_____的交流工具。网络的含金量在不断增加，但是安全威胁也_____。使用网络的利弊，只能是_____了。

A. 无微不至　名不虚传　突飞猛进　各抒己见
B. 无所不为　货真价实　循序渐进　自圆其说
C. 无所不至　名副其实　与日俱增　见仁见智
D. 无所不能　名正言顺　日积月累　不攻自破

5. 下列各句中没有语病的一项是（　　）

A. 一篇议论文观点正确、论据充分、结构完整，是衡量其好坏的重要标准。

B. 由于《古文观止》具有特色，自问世以后近三百年来，广为传布，经久不衰，至今仍不失为一部有价值的选本。

C. 不少研究鲁迅先生的资料表明：鲁迅先生越到晚年，为无产阶级解放事业奋斗的思想就越来越更加明确，更加坚定。

D. 语文是各门学科的基础，学习自然科学如果不掌握语文这一工具，就不可能正确理解概念和原理，不可能有严密思维的能力。

6. 下面语句的顺序，排列恰当的一项是（　　）

①但是，如果你一直去放大这些，我们的心灵会越来越宽，还是越来越窄呢？

②于传媒也是这个道理。

③一时的发行量和收视率,真的能代表媒体的公信力吗?

④现在有些媒体热衷于炒作市井里的负面新闻,冲突、纠纷、绯闻、命案,觉得这些东西抓眼球。

⑤孔子讲"宽则得众",从一个人到一个媒体,都可以从中获益。"宽",其实就是你看世界的态度。

⑥你所看见的生活,你对生活的解释,其实都带有强烈的主观价值判断色彩。

A.⑥⑤④③②① B.⑤⑥②④①③
C.④⑤②③①⑥ D.⑤④⑥②①③

二、修辞运用

(一)填空题

1. 结构_____、字数_____、意义_____的两个短语或句子对称地排列,这种辞格叫对偶。

2. 对偶就上联和下联在意义上的联系可大致分为_____、_____、_____三类。

(二)判断题,请写出下列句子属于对偶的哪种类型

1. 为了搭起滑道,他们翻越了多少陡峭的悬崖绝壁;为了找寻水路,他们踏遍了多少曲折的幽谷荒滩。(袁鹰《井冈翠竹》)(　　)

2. 我们是旭日东升,霞光万丈;他们是日落西山,气息奄奄。(于敏《第一个回答》)(　　)

3. 惨象,已使我目不忍视了;流言,尤使我耳不忍闻。(鲁迅《记念刘和珍君》)(　　)

（三）单项选择题

1. 修辞方法与其他三项不同的一项是（　　）

A. 不知明镜里，何处得秋霜

B. 小时不识月，呼着白玉盘

C. 床前明月光，疑是地上霜

D. 明月松间照，清泉石上流

2. 没有借代的一项是（　　）

A. 孤帆远影碧空尽，唯见长江天际流

B. 万里悲秋常作客，百年多病独登台

C. 黑发不知勤学早，白首方悔读书迟

D. 吟罢低眉无写处，月光如水照缁衣

3. 对于下面的修辞方法判断正确的一项是（　　）

①难道你就只觉得它只是树？

②桃树、杏树、梨树，你不让我，我不让你，都开满了花赶趟儿。

③他只是摇头；脸上虽然刻着许多皱纹，却全然不动，仿佛石像一般。

④开我东阁门，坐我西阁床，脱我战时袍，着我旧时装。

A. 反问　拟人　比喻　对偶

B. 反问　拟人　比喻　对比

C. 设问　拟人　夸张　对偶

D. 设问　拟人　比喻　对偶

（四）仿写题

请用对偶的修辞方式为"公民义务献血"拟写一句公益广告语。

三、知识链接

(一) 单项选择题

1. 下列选项不属于人物评述类型的是（　　）
   A. 自我评述　　　　　　B. 工作转正评述
   C. 评述他人　　　　　　D. 事件评述

2. 在进行评述时，述就是叙述或复述，可以转述，也可以引述。以下选项表述不正确的是（　　）
   A. 张童说："我一定要坚持长跑锻炼。"
   改：张童说，他一定要坚持长跑锻炼。
   B. 姐姐说："你说得对，我就这样做。"
   改：姐姐说我说得对，你就这样做。
   C. 妈妈对小花说："今天我回家会晚一点。"
   改：妈妈告诉小花，她今天回家会晚一点。
   D. 爸爸说："你想去爬树吗？我带你去！"
   改：爸爸说我想去爬树他就带我去！

(二) 填空题

1. 人物访谈采用的是_____或_____近距离的谈话形式，是靠语言来表述事实，阐述观点，再现被采访者的情感和个性风采的。

2. 新闻人物采访能从新闻事件中发掘当事人的_____、_____、_____等，展现新闻主角人性的各个方面。

3. 口头评述事物是以_____为媒介进行交际的语言表达模式。

4. 常见的评述形式：一句话式的评述和_____的评述。

5. 查找有关采访的资料，用简要的文字归纳采访几方面的具体要求：

采访内容：

采访态度：

采访提问：

采访技巧：

6. 列举你最熟悉和喜欢的电视谈话类栏目：_____。

（三）简答题

1. 什么是人物评述？

2. 评述的要求有哪些？

3. 评述的技巧有哪些？

4. 通过有效途径，查阅设计访谈问题需注意哪些事项？

四、听读理解

1. 看《洪战辉访谈》选段，评述人物。

面对洪战辉，我们该做些什么？围绕"我对洪战辉的认识"进行评述。

（1）一句话评述

示范：面对洪战辉，我们应该珍惜人间真情。

面对洪战辉，_____。

面对洪战辉，_____。

面对洪战辉，_____。

面对洪战辉，_____。

（2）段落式评述

示范：面对洪战辉，我们应当学会自强自立。

面对家庭困境，洪战辉这名年仅 12 岁的少年没有被吓倒，而是勇敢地挑起了家庭的重担。经历过无数艰难困苦，锻造了乐观坚强的性格，他不但自己考上了大学，还把"捡来"的妹妹养大，送进学校读书。尽管生活过得相当艰难，但洪战辉却从来没有申请过特困补助，还多次拒绝了好心人的捐助，在他看来，"一个人自立、自强才是最重要的"。

然而，现实生活中，却有许多人面对生活的困境，完全期待别人的帮助，把别人的帮助看成理所当然，并且接受得心安理得。其实，不管遇到什么情况，完全可以通过自己的努力，走出一条自强、自立的路来，这样，生活应该会更加充实。

_____
_____
_____
_____
_____

2. 看《艺术人生》节目中对敬一丹的访谈，进行人物评述。

要求：运用所学的评述方法和技巧，选择一个角度，联系实际，进行段落式评述，字数 100 字左右。

_____

五、技能拓展

1. 学院的盛事——一年一度的技能节即将拉开帷幕,在技能节这个大舞台上,同学们可以尽情地释放自己的青春活力,展示自己的技艺才华,开发自己的智慧潜能,历练自己的职业人生。技能节期间,请同学们带着发现美的眼睛,寻找那些表现突出和优秀的同学,采访他们取得成绩的原因,并用录音或视频的形式记录采访内容。

(1) 采访中你最欣赏哪几个问题,为什么?你认为哪些问题提得不好?怎样改?

(2) 谈谈看完这篇记录后,你对采访的技巧和方法有了哪些认识。

2. 全班同学根据采访内容,对采访人物进行评述。
测评打分表:

项目	打分	具体意见
引用关键词和中心语句		
注重事实、客观公正		
联系实际、言之有物		
语态自然、语言生动		

第四节 听音乐 谈感受

一、字词积累

1. 下列各组词语中加点字注音完全正确的一组是（　　）

A. 诽谤（fěi bàng）　　河畔（pàn）
　　期（qī）盼　　　　　嗣（sì）位
B. 孛荠（bō qí）　　　 启迪（dí）
　　抿（mǐn）嘴　　　　索（suō）取
C. 惺忪（xīng sōng）　　牲醴（lì）
　　尽（jìn）管　　　　　蜷（juàn）缩
D. 忖度（fǔ dù）　　　　指摘（zhāi）
　　爪（zhǎo）印　　　　裉（hén）袄

2. 下列各组词语中没有错别字的一组是（　　）

A. 晃惚　饥寒焦迫　身心焦瘁　灵牙俐齿

B. 迁徙　名符其实　妙手偶得　黯然神伤

C. 鬼异　兴高彩烈　拾遗补缺　如愿已偿

D. 商榷　踌躇满志　左支右绌　相濡以沫

3. 填入横线部分最恰当的一项是（　　）

我们在从事某项喜欢的工作时，如果进展顺利，_____，即使时间长一点，也很少感到_____。

A. 得心应手　疲倦　　　　　B. 得心应手　疲乏

C. 轻车熟路　疲倦　　　　　D. 轻车熟路　疲乏

4. 下列句子中画线的成语运用不当的句子是（　　）

A. 自打学校男生不许留长发的规定出台以后，我那一头秀美的长发也只好<u>束之高阁</u>了。

B. 困守在南京的国民党军队的官兵，一听到长江失守的消息就<u>魂飞魄散</u>地丢下武器逃跑了。

C. 许多的现代"大学问家"经常将<u>毫不相干</u>的孔子与耶稣相提并论，也可谓之另辟蹊径了。

D. "投之以桃，报之以李"，应该是中华民族<u>礼尚往来</u>的具体表现形式了吧。

5. 下列各句中没有语病的一句是（　　）

A. 人文世界在人类总体世界建构中具有重要价值，人文知识与自然知识、社会知识相比较有其独特性。

B. 我们要学会正确的立场、方法和观点，去解决问题、分析问题和提出问题。

C. 为了防止不再发生类似事故，学校领导制定了一系列切实加强安全保卫工作的措施。

D. 当我同天真的孩子们一起重看这部影片，听着他们的欢笑声时，也想起了自己的童年。

6.把下面几个句子组成语意连贯的一段文字,排序正确的一项是( )

①实验证明,当人们看到温和的颜色(例如,红、黄)后,大脑就会活动起来、血压升高、呼吸加快;

②但有时却事与愿违,

③住了有色彩的房间后,反而觉得疲劳、厌倦或出现神经质,

④而蓝色的作用恰恰相反,它会使人的活动缓慢下来。

⑤很多人喜欢为居室增添舒适感和美的享受,

⑥这是什么原因呢?原来,居室内的色彩对人的心理、情绪、情感和健康都有一定的影响。

A. ①⑥⑤②④③ B. ⑤②①③④⑥
C. ①②③④⑤⑥ D. ⑤②③⑥①④

二、修辞运用

(一)填空题

1.反语又称"＿＿＿＿"、"＿＿＿＿"、"＿＿＿＿"等,即通常所说的"＿＿＿＿",运用跟本意＿＿＿＿的词语来表达此意,却含有否定、讽刺以及嘲弄的意思,是一种带有强烈感情色彩的修辞方法。

2.种类:根据说话者的对象不同说话者的感情不同,反语可以分为＿＿＿＿和＿＿＿＿两大类。

3.讽刺反语是为了揭露、批判、讽刺、嘲弄,表达＿＿＿＿的反语,是通常所见的用法。

4.风趣反语是为了风趣、幽默、诙谐而说的反语,字面表达的是贬义,实际上是表达褒义,或因情深难言,或因避嫌忌说,

并不包含_____之意。

（二）判断题，请判别下列语句运用的是讽刺反语还是风趣反语（A．讽刺反语；B．风趣反语）

1．最后，张腊月无可奈何地笑骂道："我现在才认识你，你是个顶坏顶坏的女人啊！"她们两人，虽说只相处了一天，可是她们的友情是那么诚挚深厚……（　　）

2．"哈哈哈哈"一阵大笑，打断了沈百万的话。老宫用他那洪亮的声音，讽刺地说："谢谢你，我的好心的沈老太爷。我们很知你的恩，很感你的德。而且对你的这份'恩德'，我们是定要报的，你放心就是了。"（　　）

3．当三个女子从容地转辗于文明人所发明的枪弹的攒射中的时候，这是怎样的一个惊心动魄的伟大啊！中国军人屠戮妇婴的伟绩，八国联军的惩创学生的武功，不幸全被这几缕血痕抹杀了。（　　）

4．几个女人有点失望，也有点伤心，个人在心里骂着自己的狠心贼。（　　）

5．黛玉听了，嗤的一声笑道："你既要在这里，那边去老老实实的坐着，咱们说话儿。"宝玉道："我也歪着。"黛玉道："你就歪着。"宝玉道："没有枕头，咱们在一个枕头上。"黛玉道："放屁！外头不是枕头？拿一个来枕着。"宝玉出至外间，看了一看，回来笑道："那个我不要，也不知是那个脏婆子的。"黛玉听了，睁开眼，起身笑道："真真你就是我命中的'天魔星'！请枕这一个。"说着，自己枕的推与宝玉，又起身将自己的再拿一个来，自己枕了，二人对面倒下。（　　）

（三）知识运用

请指出下列语句中运用了反语修辞手法的词语并作出正解。

1．妹妹的胆子可真大，就是一只猫也会把她吓得赶快跑到妈妈的身后躲起来。

运用反语的词语（　　）；正解：_____。

2. 一脚射门竟能打到边线外，这球员的脚法也真可谓炉火纯青。

运用反语的词语（　　）；正解：_____。

3. 女看守朝她脸上打来一拳来安慰她。

运用反语的词语（　　）；正解：_____。

4. 上了一个学期的课，居然从未见识过你的尊容，或许是我老眼昏花，或许是你太有城府，以至于让人"不识庐山真面目"。

运用反语的词语（　　）；正解：_____。
运用反语的词语（　　）；正解：_____。
运用反语的词语（　　）；正解：_____。
运用反语的词语（　　）；正解：_____。

（四）仿写句子（反语的词语不得与原句相同）

1. 哼，多有本事，你在这儿哭吧，多伟大的男子汉。

仿写：

2. 唉，你天天这么缠着我，真可以说是我的欢喜冤家。

仿写：

3. 她呀，每次都将家里的衣物拿到单位来洗，真真正正的以厂为家了。

仿写：

4. 见软的就欺，见硬的就躲，这实在前无古人、后无来者的仁侠了。

仿写：

三、知识链接

(一) 谈感受的要求

1. 谈论对象要简要交代。比如，要谈对一件事的感想或对一首歌的理解，就要先把这件事或中心歌词_____地叙述清楚，叙述部分一定要突出一个_____字，绝不能大段大段地叙述。

2. 观点表述要_____。观点表述不能_____，也不能_____。

3. 观点和谈论对象间要_____，观点要依托_____有感而发。

(二) 谈感受的技巧

1. 先熟悉谈论对象，后深入思考所谈论的内容。例如，听音乐谈感受，一般要先熟悉音乐的_____、_____、_____等，然后结合自己的_____、_____或_____谈看法、感受。

2. 不要面面俱到，可选择_____的一点，也可选取_____谈感受、谈看法。

3. 要说得有_____，要说出_____的感受，不要人云亦云。

4. 运用"首先、其次"或"第一、第二"等顺序词使感受的表达_____、_____。

(三) 欣赏音乐的方法

1. 对比欣赏法。每一个音乐作品都有不同的_____和_____，进行节拍、节奏、速度、力度、_____、_____等方面的对比，能比较容易地获得对音乐_____、_____、_____等要素的感性认识，更能凸显音乐作品的_____。

2. 动作感知法。节奏律动的方式可以是随音乐_____、

_____、_____、做即兴动作或舞蹈动作等。听着快乐的音乐，做着动作，陶醉在音乐中，其乐融融。

3. 中国古代采用"宫、商、角、徵、羽"标记音阶，它们分别是简谱的___、___、___、___、___音阶。

4. 中国十大古典名曲分别是《_____》、《梅花三弄》、《_____》、《汉宫秋月》、《阳春白雪》、《渔樵问答》、《胡笳十八拍》、《广陵散》、《平沙落雁》、《_____》。

5. 贝多芬是德国最伟大的音乐家之一，被尊称为"乐圣"。他一生共创作九部交响乐章，分别命名为：第一、二、三、四、五、六、七、八、九（合唱）交响曲，其中第三交响曲又被称为《_____》，第五交响曲又被称为《_____》，第六交响曲又被称为《_____》，第九交响曲（合唱）又被称为《_____》。

四、听读理解

1. 双簧管独奏曲《花非花》是根据同名古曲改编而成的，而古曲又是根据白居易同名诗作《花非花》谱写。乐曲的结构采用"A—B—A"的三段式，请把诗作中划画的诗句在乐曲"A—B—A"的三段找到相对应的位置。

附：原作

花非花
白居易

花非花，雾非雾，夜半来，天明去。<u>来如春梦几多时？去似朝云无觅处。</u>

"来如春梦几多时？"体现在乐曲的_____段。

"去似朝云无觅处。"体现在乐曲的_____段。

2. 听歌曲《龙文》并回答以下问题。

附：　　　　　　　　龙文（歌词）

作曲：小虫　　作词：小虫、权芳

一弹戏牡丹，一挥万重山。一横长城长，一竖字铿锵。

一画蝶成双，一撇鹊桥上。一勾游江南，一点茉莉香。

洒下床前明月光，上下千年一梦长。古今如一龙凤凰，黑眼黑发真善良。

宫商角徵羽，琴棋书画唱。孔雀东南飞，织女会牛郎。

深爱这土地，丝路到敦煌。先人是炎黄，子孙血一样。

读懂了千年金钩银画样，习惯了故乡白米面或汤。

一杯清茶道汉唐，妙笔丹青画平安。

宫商角徵羽，琴棋书画唱。孔雀东南飞，织女会牛郎。

深爱这土地，丝路到敦煌。先人是炎黄，子孙血一样。

① "一弹戏牡丹，一挥万重山"的出处分别是_____和_____。

② "一画蝶成双，一撇鹊桥上"的典故分别是_____和_____。

③ "孔雀东南飞，织女会牛郎"的出处分别是_____和_____。

④ "金钩银画"指的是_____。

⑤ "宫商角徵羽"运用了借代的修辞手法，代的是_____。

⑥ "龙文"指的是_____。

五、技能拓展

1. 反复聆听民族器乐曲《春江花月夜》，将你的感受写出来

(不少于200字)。

2. 反复聆听贝多芬的第六交响曲(《田园交响曲》),将你"听到"的场景描绘出来(不少于500字)。

第二单元　实用性阅读单元

第一节　通过有效途径　找到所需资料

一、字词积累

1. 请选出下列各组词语中加点字的读音完全正确的一组（　　）

A. 挑衅（xìn）　　　　　　亵（xiè）渎
　　心无旁骛（wù）　　　　强聒（guō）不舍

B. 寒噤（jīn）　　　　　　狡黠（xiá）
　　锲（qiè）而不舍　　　　怒不可遏（jié）

C. 哂（shài）笑　　　　　　干涸（gé）
　　成吉思汗（hàn）　　　　广袤（mào）无垠

D. 和煦（xùn）　　　　　拮据（jū）
　　众目睽睽（kuí）　　　一抔（bēi）黄土

2. 下面加点字为错别字，改正在括号里：

费寝忘食（　）　　　别出新裁（　）

不言而谕（　）　　　锐不可挡（　）

墨守陈规（　）　　　绿树成阴（　）

不可思意（　）　　　改斜归正（　）

秉独夜谈（　）　　　互相推委（　）

佳宾满堂（　）　　　黄梁美梦（　）

趁心如意（　）　　　毛骨耸然（　）

残无人道（　）　　　声色俱历（　）

3. 下面各句加点词语使用不恰当的一项是（　　）

A. 城市中，涌动着一些来自马背的野性与粗犷的着装风尚。现代与华贵的扮相也丝毫无法动摇它的个性的做派。

B. 本学期语文教学要以提高同学们的写作水平为主要任务，切实抓好。

C. 在评价标准上，既要看数字，又不能只看数字，要防止"干部出数字"，"数字出干部"的现象。

D. 这个白天看上去很一般的小城市，一到晚上就流光溢彩，几乎可以和上海南京路媲美。

4. 下列各句中加横线的成语使用恰当的一句是（　　）

A. 外面风传咱们厂的厂长要辞职，但我见他每天都在厂里忙这忙那的，我想，这些谣言恐怕是空穴来风吧。

B. 他经常蹲在窗下听私塾先生讲课，父亲无意间发现了，便凑了学费，让他登堂入室，成了那里最年幼的学生。

C. 想起那时节，金风阵阵，菊香遍野，阳澄湖的螃蟹，不仅个儿大，而且只只脑满肠肥，吃起来，味道真是好极了。

D. 张老师的家离学校较远，足足有七八华里，但他每天上下班却都是安步当车，健步如飞，也倒练就了一身好筋骨。

5. 下列各句中没有语病的一句是（　　）

A. 这位院士诚恳地表示，他要努力去做一个乐意给年轻人打开一切科学道路，使他们夺得科学高峰的人。

B. 仅在短短的三年之前，电脑"上网"对人们还是陌生的，但对今天的学生来说，显然已经是比较熟悉的了。

C. 生命是否起源于火星而非地球，地球上的生命是否由陨石带来，天文学家正在研究诸如此类的问题。

D. 通过这次考试，使他提高了认识。

二、修辞运用

（一）填空题

1. 运用联想，故意把物当作人来写，或把人当作物来写，或把甲物当作乙物来写的一种修辞方法叫（　　）。

2. 比拟的三个构成要素：

① （　　）表达对象。

② （　　）拟想的其他事物（通常总是隐去）。

③ （　　）述说其他事物的词语。

3. （　　）把物当人写；（　　）把人当作物来写，或把甲物当作乙物来写。

4. 比拟与比喻的区别：比拟不像比喻那样追求两个事物的（　　），而是直接把本体当作拟体，并使本体具有拟体的特点。

（二）判断题，下列比拟的用法中，哪些是拟人，哪些是拟物

1. 层层的叶子中间，零星地点缀着些白花，有袅娜地开着的，有羞涩地打着朵儿的。（　　）

2. 这时,春风送来沁鼻的花香,满天星星都在<u>眨眼欢笑</u>,仿佛对张老师那美好的想法<u>给予肯定与鼓励</u>。(   )

3. 只有那眼珠间或一轮,还可以表示她(祥林嫂)是一个<u>活物</u>。(   )

4. 我在记忆中保存这一支永不凋谢的花——<u>洁白</u>的<u>祝福</u>,献给一切追求真与善的眼睛,愿心灵美丽。(   )

5. "怎么回事"?"这车吻了前面那车的屁股"。(   )

(三)阅读下面一段话,运用相同的修辞和语句形式仿写一段话

星星的寂寞月知道,晚霞的羞涩云知道,花儿的芬芳蝶知道,青草的温柔风知道,梦里的缠绵心知道,心里的酸楚泪知道,我的思念您知道!

仿写:

三、知识链接

(一)填空题

1. 资料搜索的基本步骤:

一是接受任务,(   );二是熟悉信息渠道,寻找(   );三是扩大搜索视野,快速阅读,确定(   )。

2. 搜集资料注意事项:

(1)目标要专一,紧紧围绕(   ),尽量扩大搜索的范围;

(2)搜索的资料要兼顾事实(案例)的资料、(   )资料、评论和(   )意见。

3. 图书资料的查询方式有两种:手工和计算机检索,手工主

要为（　　），计算机为多检索途径和可以互相的检索途径。其共同点有（　　）、分类、（　　）、著者四种检索途径。

（二）判断题（正确的打"√"，错的打"×"）。

1. 查找深圳技师学院毕业生待遇的文件，要到深圳市档案馆或者是深圳技师学院档案室去查，图书馆查不到。（　　）

2. 档案馆资料可以随便查。（　　）

3. 我国图书分类方法基本上是以《中国图书馆图书分类法》为依据，分为22大类。（　　）

4. 关键词，顾名思义就是关键性的词语，从语言学上来讲，关键词就是能描述文章本质的词语。每篇文档都应有关键词，以确定文档的主题，并通过关键词来区别。（　　）

（三）简答题

使用百度搜索引擎的基本步骤是什么？

四、阅读理解

阅读课文内容，完成能力训练和检测评估。

（一）能力训练

活动一

假如你是张明，为了查找有关2009年快餐业发展的资料和数据，请参照下表，看一下哪些资料是必要的，哪些是不必要的，所需的材料最有可能的查询渠道是什么？

问题	是否必要	图书馆	档案馆	互联网	政府主管部门
中国快餐餐饮业发展的历史阶段					
2009年全国快餐店的数量，年度营业额的情况					
2009年假日"黄金周"快餐业营业额					
2009年人均餐饮支出数额					
2009年快餐业有哪些成功案例，它们的营业额是多少，其特点是什么					

活动二

请你自己找出5份与张明汇报主题有关的资料，并将资料来源等相关信息填写在下表内：

资料名称	作者姓名	收集地点	收集日期	出版单位	出版日期

（二）评估检测

1. 在你的小组同学面前讲述你寻找资料的过程，展示你所收集的资料，并请小组同学为你评判。

事实	是	否
所找资料与主题相关		
所找资料提供了事实依据		
所找资料提供了数据根据		
所找资料来源可靠		
信息卡对资料来源做了准确描述		
可否通过本节能力测试		

2. 搜索你所学专业的 3 门专业课，并列出每门课的 3 本教材的相关资料。

课程名称	教材名称	出版社	编者（作者）

五、技能拓展

用文字说明图书馆查找《实用语文》一书的基本步骤，要求条理清楚。

第二节　识别有效信息　归纳内容要点

一、字词积累

1. 下列各组词语中带点字的注音完全正确的一组是（　　）

　A. 田畴（chóu）　　　　忧愁（zóu）
　　　大锄（chú）　　　　接触（chù）

　B. 兀（wū）然　　　　　錾（zàn）银
　　　筹（chóu）集　　　　悠（yōu）长

　C. 吮（shǔn）吸　　　　辖（xiá）制
　　　谬（mǐ）种　　　　　履（nǔ）行

　D. 酒馔（zhuàn）　　　　自诩（xǔ）
　　　词藻（zǎo）　　　　　门栓（shuān）

2. 下列词语中没有错别字的一组是（　　）

　A. 汽廷、卓绝、青台、机缘
　B. 屋檐、诞生、篱笆、通宵
　C. 押韵、孤辟、召泽、淌汗
　D. 匀称、两颊、急流、复盖

3. 下面加点字或词解释完全正确的一项是（　　）

A. 浮藻：生长在水中的绿色植物；冷僻：性情古怪；翠色欲流：绿色；国粹：突出

B. 孱头：软弱无能的人；掘起：挖；角隅：角落；鄙薄：轻视、看不起

C. 冥冥世界：迷信人称人死后的阴间；掩面涕泣：哭；殒身不恤：死了、害怕

D. 韶光：春天；窒息：蒙住；异议：不同；顽劣：不长进

4. 下面各组词语的反义词完全正确的一组是（　　）

A. 臭名昭著——英名远扬　筋疲力尽——精神饱满　愉悦——痛苦

B. 自鸣得意——夸夸其谈　万古长青——立即枯萎　掩面哭泣——兴高采烈

C. 波涛汹涌——风平浪静　以诚相见——虚情假意　卓绝——平凡

D. 毫无畏惧——胆小如鼠　风和日丽——乌云翻滚　粗心——细心

5. 在横线上填语句，构成对偶句，正确的两组是（　　）

A. 宁为玉碎，<u>死不足惜</u>

B. 生当作人杰，<u>死亦为鬼雄</u>

C. 宁可站着死，<u>也不跪着生</u>

D. 富家一席酒，<u>路有冻死骨</u>

6. 下面四项中的每个词里都包含颜色的两项是（　　）

A. 明争暗斗、若明若暗、声东击西、弄假成真

B. 万古长青、翠色欲流、千山一碧、苍山似海

C. 万紫千红、桃红柳绿、朝霞似火、夕阳如血

D. 五颜六色、一马当先、如饥似渴、一干二净

43

7. 下列词语排列无序的一组是（　　）

A. 请求　恳求　乞求　哀求

B. 桃花　茶花　菊花　梅花

C. 喜爱　喜欢　酷爱　热爱

D. 高　　很高　极高　最高

8. 根据文意，选择填写最正确的一项是（　　）

刘老师对我们要求很（　　），但教育我们又很注意方法。即使我们犯了（　　）的错误，他也不是（　　）地训斥、（　　）地批评，而是耐心地帮助，使我们养成了（　　）纪律的好习惯。

①严明　②严格　③严肃　④严守　⑤严厉　⑥严重

A. ②⑥③⑤①　　　　　B. ②⑥⑤③①

C. ①⑥⑤③④　　　　　D. ②⑥⑤③④

二、修辞运用

（一）填空题

1. 传统修辞学将借代定义为，以_____代替本来的人或事物的修辞格。被替代的叫_____，替代的叫_____。

2. 借代的修辞效果可以用十六字概括：以简代繁，_____，_____，以事代情。

（二）单项选择题

1. 红颜和白发常用来代指（　　）

A. 女人和老人　　　　B. 男人和女人

C. 少女和老人　　　　D. 健康的人和病人

2. 下列句子中，只有（　　）使用了借代。

A. 群山举手献宝，黄河摇尾唱歌

B. 高粱涨红了脸，稻子笑弯了腰

C. 一块块梯田平坦如镜子一般，一排排绿树迎着春风飘扬

D. 华盛顿坚持认为，巴格达没有表现出应有的诚意

3. 下列句子中没有运用借代修辞方法的是（   ）

A. 中国人民中间，实在有成千上万的"诸葛亮"，每个乡村、每个城镇都有那里的"诸葛亮"。

B. 在中国，那时是确无写处的，禁锢的比罐头还严密。

C. 寄言纨绔与膏粱：莫效此儿形状！

D. 在中国共产党的领导下，中国人民用小米加步枪推翻了帝国主义在中国的统治。

(三) 按要求完成下列各题

1. 下列是一些有名的诗句，请把诗句中运用借代的词语指出来。

①田园寥落干戈后，骨肉流离道路中。   （   ）
②孤帆远影碧空尽，惟见长江天际流。   （   ）
③何以解忧，唯有杜康。   （   ）
④人生自古谁无死，留取丹心照汗青。   （   ）

2. 仿照下面的示例，另写两个句子，要求使用借代的修辞手法，句式与示例相同。

示例①：红领巾迎着太阳，走在宽阔的大路上。

仿写：

示例②：上面坐着两个老爷，东边的一个是马褂，西边的一个是西装。

仿写：

三、知识链接

（一）填空题

1. 精读追求的是阅读的____，以_____为宗旨；而略读旨在_____，追求的是阅读的_____。

2. 归纳材料大意一般要做到如下三条：一是_____；二是_____；三是_____。

3. 归纳大意的方法有_____，_____，_____。

（二）单项选择题

1. 阅读时最正确的做法是（　　）

A. 好读书不求甚解。

B. 对有深度的材料应该采用略读的方法，追求阅读的广度。

C. 阅读时把精读和略读的范围与内容选择好、结合巧。

D. 搜索资料时用精读的方法，力求不漏掉任何信息。

2. 下列不属于图表资料特点的一项是（　　）

A. 文字阅读量小

B. 能较好地融入作者的主观情感，说理深刻

C. 信息量大，直观明了

D. 形式灵活多样

（三）回答下列问题

1. 搜索资料时，我们应该怎样处理好精读与略读的关系？

2. 要读懂图表，理解其包含的信息，我们应该注意什么？

四、阅读理解

（一）阅读下面文章，完成练习

彩陶——中国远古文化的辉煌代表

陶器是新石器时代人类最重要的发明之一，也是现代了解原始文化的最重要的依据之一。考古发掘显示，世界各地绝大多数新石器时代的陶器，都或前或后不约而同地经历了素陶、彩陶、釉陶的发展阶段。所谓彩陶，是远古先民在制作好的陶胚内外壁上用矿物颜料绘制各种纹饰，然后入窑烧制定型的一种带彩陶器。彩陶集实用和雕塑、绘画、烧制等各种艺术、工艺于一体，展现了那个时代人类物质生产和精神生活的最新成果和最高水平，反映了原始社会数千年的社会状况和人的生存情境。可以说，彩陶是一本浓缩的、独特的"史书"。

中国是世界上最早发明陶器的地区之一，并在距今大约8000年前就出现了彩陶。中国彩陶的发展、繁荣和衰亡历经4000年之久。尽管彩陶文化并非一种考古文化，但在中国新石器时代的文化遗存中，除了各种各样的石器外，绝大多数是以陶器为其重要表征的。其中，色彩绚丽、图形优美、造型多样、工艺精湛、数量较多的各种彩陶，更成为这一时段最有系统、最具规模、最有价值的文化遗存，并因此而成为华夏远古文化的一种鲜明特征。"仰韶文化"的命名就是以在遗址中发掘的红底黑彩的陶片作为重要证据,而"仰韶文化"之所以又被划分为两种类型,即以鱼纹为主的半坡类型和以鸟纹、花卉纹为主的庙底沟类型,也是以遗址出土的彩陶纹饰作为区分的主要标志。

据估计,中国出土的彩陶约有5万多件,很可能是世界上出土彩陶数量最多的国家。这些彩陶绝大多数都是日常实用器皿,如盆、碗、壶、罐等,分布的地域几乎遍布全国。这些彩陶的形体虽然简单,但在造型设计上却颇具匠心。制作时对器物的各部分运用不同的比例变化,构成各种柔和优美的轮廓曲线,其式样繁多,并随各地习俗的不同而各具特色。在图案设计方面,中国的史前彩陶都能结合不同器形的特点和装饰部位的不同,或疏或密,或繁或简,饰以不同纹样。图案丰富多彩。有的宜于俯视,有的适于平观,将器物的实用性质和使用的审美效果结合起来。其中大量出现的编织纹和几何形纹,具有彩纹和底色相互衬托虚实相应的作用,形成"双关图案"。这种构图方式一直延续至今,成为中国传统工艺美术的一种基本装饰手法。

探索中国文明的起源。无论是文字的始创、艺术的发端、原始巫术的产生,还是远古神话与图腾崇拜的出现,都离不开彩陶。因为彩陶除了作为原始人类日常生活器物之外,还是原始宗教、图腾崇拜的重要器物;彩陶的器形和陶壁上的纹饰,既体现了远古先民对光和艺术的追求,也是原始文字创造的一个重要源泉。在作为中国史前文化起源研究依据的几类原始文化遗存,如玉石器、彩陶、雕塑和岩画中,玉石器和雕塑的数量都较少,岩画的年代又往往引起争论。唯有彩陶数量最多,年代也最准确,因而最具有可靠性和系统性。可以说,彩陶是中国远古文化的辉煌代表。

1. 画出文中包含有效信息的关键语句,并写下来:

_____

_____

_____
_____
_____

2. 采用"归并法"和"取舍法",对文章要点进行提炼,并写出来:

要点①_____

要点②_____

要点③_____

要点④_____

(二)下面是一份有关尝试回忆效果的实验结果材料,试根据这个材料,完成后面题目

时间分配	16个无意义音节回忆百分数(%)		5段传纪文回忆百分数(%)	
	立刻	4小时后	立刻	4小时后
全部时间诵读	35	15	35	16
1/5用于尝试回忆	50	26	37	19
2/5用于尝试回忆	54	28	41	25
3/5用于尝试回忆	57	37	42	26
4/5用于尝试回忆	74	48	42	26

从表中数据我们可以发现一条带有普遍意义的识记规律(20个字以内):

（三）下面是对目前高中教材内容与现实联系程度的调查表

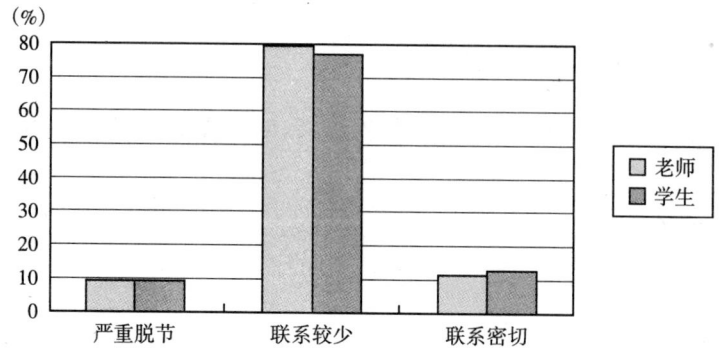

1. 请概括图表所反映的主要情况。

2. 该图表给人的启发是多方面的，如果你是新教材编写者，可从中获得什么启示？

五、技能拓展

（一）上网查找资料，弄清以下问题

1. 专利的内涵、专利权的含义以及专利的"三性"原则的具体内容。

①专利：_____

②专利权：_____

③专利的"三性"原则：_____

2. 专利的种类：_____

3. 专利申请三原则是：_____

（二）整理相关资料，填写以下表格

我国近四年专利申请一览表

申请年份	专利种类	申请数量	授权时间	备注
2008年				
2009年				
2010年				
2011年				

（三）归纳出专利申请的趋势要点

第三节　整理所需资料　会做简明摘要

 一、字词积累

1. 下列各组词语中带点字注音完全正确的一组是（　　）

A. 禀（bǐng）赋　　屏（bǐng）弃　　秉（bǐng）公

B. 笔（bǐ）记　　秕（pǐ）糠　　彼（bǐ）此

C. 按捺（nà）　　顽劣（niè）　　英烈（liè）

D. 落蕊（ruǐ）　　祥瑞（xuì）　　尖锐（ruì）

2. 下列各组词语中没有错别字的一组是（　　）

A. 包服　　悲凉　　卓决　　风合日丽

B. 侈谈　　孤僻　　篱笆　　不能自拔

C. 门栓　　颠到　　关押　　筋皮力尽

D. 羞涩　　押韵　　清耗　　枯澡无味

3. 下面加点字或词解释完全正确的一项是（　　）

A. 精美：精致美丽；精悍：精明能干；不可置疑：可以怀疑

B. 韶光：美的光；窒息：死了；殒身不恤：死了不怕

C. 悚然：害怕；欣然：愉快；毫不畏惧：一点也不害怕

D. 豁然：开口子；异议：不同；朔风渐起：北风快起

4. 下面词语归类正确的一项是（　　）
A. 描写景物的：风和日丽、波涛汹涌、玉树琼枝、翠色欲流
B. 描写外貌的：白发苍苍、红光满面、掩面涕泣、大步流星
C. 描写心理的：自鸣得意、心乱如麻、夸夸其谈、满腔怒火
D. 描写动作的：毫无畏惧、跑步前进、雕梁画栋、急步快走

5. 填在横线上的词句，补成完整谚语正确的两组是（　　）
A. 读万卷书，<u>行万里路</u>
B. 千里之行，<u>水到渠成</u>
C. 海内存知己，<u>天涯若比邻</u>
D. 读书破万卷，<u>铁杵磨成针</u>

二、修辞运用

1. 借代的方法主要有：以_____代整体，以特征代本体，以_____代抽象，以结果代_____，以专名代泛称等。

2. 借代与借喻有相近的地方，都是用一事物代另一事物，但它们的性质却完全不同。借代的本体与借体之间有_____关系；借喻的本体与喻体是_____，人们只是根据它们之间具有的相似点，通过联想把它们联系起来。

3. 下列两句中使用了借代修辞的是（　　）
①万里赴戎机，关山度若飞
②愿驰千里足，送儿还故乡

4. 下列各句中加点词语使用了借代手法的一项是（　　）
A. 皎皎空中孤月轮
B. 举酒欲饮无管弦
C. 一蓑烟雨任平生
D. 卷起千堆雪

5. 选出全用借代修辞手法的一项是（　　）
①大弦嘈嘈如急雨，小弦切切如私语
②世间行乐亦如此，古来万事东流水
③座中泣下谁最多，江州司马青衫湿
④千呼万唤始出来，犹抱琵琶半遮面
⑤浔阳地僻无音乐，终岁不闻丝竹声
⑥主人下马客在船，举酒欲饮无管弦
A. ①②④　　　　　B. ③⑤⑥
C. ①⑤⑥　　　　　D. ②③④

6. 我们常用桑梓代指_____，轩辕代指_____，南冠代指_____，汗青代指_____，布衣代指_____，桑麻代指_____，垂髫代指_____，庙堂代指_____。

7. 请写出三个运用借代修辞格的句子。

三、知识链接

(一) 单项选择题

1. 做阅读摘要或资料卡是阅读的一个良好习惯，不属于其好处的一项是（　　）

A. 有利于积累知识，储存材料。
B. 有利于加深理解，增强记忆。
C. 有利于锻炼逻辑思维，提升审美品位。
D. 有利于对知识加工整理，推陈出新等。

2. 不属于做摘要或资料卡要做到的一项是（　　）

A. 要条理清楚，规范统一。

B. 要善于运用，防止光记不用。

C. 要简明扼要，详略得当，准确实用。

D. 要尽量多记，勤奋用功，以备不时之需。

(二) 简答题

我们在做读书资料卡时，需要注意哪些方面？

四、阅读理解

(一) 阅读下面《关于萝卜》的文章，完成后面的练习题目

关于萝卜

有一个农民，因为大便秘结不通，非常难受，便在中午时分跑到大夫家里去看病。大夫一家正在吃饭，听完这位农民的叙述后，建议他说："回去喝点'人参汤'就会好的。"农民很是惊讶，大夫见他这副神情，忙笑着说："买这人参不用花您一分钱，咱们这儿几乎家家都有，就是这东西。"大夫边说边用手指着桌子上的一碟萝卜条。这位农民半信半疑地回到家里，没想到，萝卜汁喝下后不久，一切症状都踪影皆无。这便是平时被人们看不起的萝卜做的一大好事。

萝卜的品种繁多，大约有一百多个品种。按季节来分，可分为春萝卜和秋萝卜；按根的大小可分为大、中、小三种类型；按颜色来分又可分为白萝卜、青萝卜和红萝卜。

萝卜，在农村虽然许多家都种它，但许多人并不完全了解它的广泛用途。萝卜中含有多种营养成分。它含有大量的葡萄糖、果糖、蔗糖、多种维生素和矿物质。其中维生素C的含量比梨和苹果多出八九倍。如果用萝卜代替水果，它的维生素的含量只会有过之而无不及。

萝卜的辛辣味也是一种有用的物质。它和萝卜中的消化酶一起能帮助胃肠消化食物，尤其是脂肪。人们在吃了油腻食物后，吃点萝卜就会解油腻。如果人们在吃饭时吃过了量，也可以吃些萝卜。在解放前，我们村有一个人，他很喜欢和别人打赌。一次在一家宴席上，他和别人打赌说："我一顿能吃八大碗菜而不被撑死，但得有一个条件，吃完饭后得让我出去遛遛。"果真，他吃完饭出去不到一个时辰，便又大摇大摆地跨进这家大门，人们都争着问他吃了什么"灵丹妙药"而不被撑死的，在人们的追问下，他无可奈何地说："我出去后，在地里扒了两个萝卜吃，所以现在能好好地站在这儿。"萝卜为什么能帮助消化呢？因为萝卜中含有大量芥子油、纤维和多种消化酶，这些物质都能促进肠子加快蠕动，帮助消化。

萝卜还可以治病。如果咳嗽日久，可以服用白糖萝卜汁，它有化痰、止咳的功效。萝卜还可以用来治疗菌痢、肠炎。最近又发现，萝卜对抗癌也有很大的用处。此外，萝卜还可以帮助吸烟的人戒掉烟。萝卜中含有萝卜酸，它可以使吸烟的人吸过烟后嘴里没滋没味，这样就容易戒掉烟了。

在农村里，萝卜还有广泛的用途。每逢冬季和春季缺少青菜的时候，萝卜便成了农民的主要菜食。秋天农民把萝卜运回家后，在自家庭院里挖一个一米左右深的窖，把萝卜向下码在窖中，每码一层铺一层沙子，冬季就可以从窖里扒出来，切成片或丝，焯好晾干，用时只要在水中泡一段时间，便都会舒展开，帮助农民度过缺菜的初春。

萝卜的用处之多，简直可以说胜过人参，并且它的价钱很便宜，难怪大夫把"萝卜汁"亲切地唤成"人参汤"。农村有句俗话："冬吃萝卜夏吃姜，不劳医生开药方。"既然萝卜对我们有益无害，那么我们平时何不多吃些萝卜呢？

1. 萝卜的种类有：_____
_____

萝卜的用途有：_____
_____
_____

2. 对文章内容进行归纳，把"内容摘要"写在下面：
《关于萝卜》内容摘要
_____
_____
_____
_____
_____

(二) 阅读材料，做简明的资料卡

大运河保护迫在眉睫

　　长达一千多公里的京杭大运河，与绵延的万里长城，作为举世闻名的古代中国人创造的伟大工程，都是华夏民族的历史丰碑和永远的骄傲。长城早已被列为国家重点文物保护单位，并跻身于《世界文化遗产名录》，而大运河的文物保护问题至今尚未得到应有的重视。

　　大运河在广开海运之前是我国古代的一条重要交通命脉，开凿运河是为了最大限度地进行沟通交流。在开凿大运河的过程中利用了春秋时代吴王夫差开通的沟，在隋炀帝时最终完成，唐宋繁盛一时，元代截弯取直，明清屡加疏通。在漫长的历史时期，大运河一直是一条南粮北运、商旅交运、水利灌溉的生命线。

大运河涉及黄河与长江这两个古代文化、文明的核心地区，连接着燕文化、齐鲁文化、吴越文化等中国历史上重要的文化区域，其沿岸是古代中国人口集中、文化遗址密集的地区。各个时代，大运河贯穿之地都留下了丰富的文化古迹，被誉为"古代文化长廊"，其文物价值与意义非同寻常。不仅如此，大运河在开凿的长度、年代上还创下了傲视环宇的纪录，特别是沿岸几十座城市有着独特的人文景观和民俗风韵，保存了极具特色的内河文化。

但是，作为华夏先民智慧与创造力结晶的大运河，今未被列入全国重点文物保护单位，也没有一部专门的法律法规肯定和保障它的历史地位。

大运河的保护现状确实令人忧虑。除千百年来河堤决口、泥沙淤塞、水量匮乏等自然因素外，更有乱开支渠、截流用水、管理不善等人为因素。由于不少河段利用了天然湖泊和自然河流，很多人认识不到大运河也是文化遗产或文物古迹。各地出于局部利益考虑随意改拆遗存的现象时有发生，分省分段的管理体制也使大运河的保护无法形成综合性的全盘规划。

大运河虽然历尽沧桑，却衰而未亡，江南河段仍然泽被今人；已开工的南水北调工程也涉及大运河的保护、管理和利用。因此，亟须通过文物调查与文化保护研究提交完整的大运河总体调研与保护报告。

作为中国古代文明的重要载体和人类历史上伟大的水利工程之一，大运河及其沿岸相关古迹不仅应在南水北调工程中得到有效保护，而且也应作为一个整体来申请世界文化遗产。

(选自刘祖然编著.《大运河》.科技教育出版社，2002年6月第一版)

资料名称_____
搜集地点_____搜集日期_____
主要内容_____
_____
_____
_____
_____

资料来源：_____
作者_____书名或文件名_____摘取页码_____
出版社或网址_____
出版或发行地点及时间_____

五、技能拓展

1. 走访图书馆、到相关部门调查、上网查阅搜集近几年技术类书籍出版的情况，填写以下表格：

2008~2011 年技术类书籍出版数量统计表

出版时间	出版数量	与上年比增减数量	增减百分比	备注
2008 年				
2009 年				
2010 年				
2011 年				

2.分析近几年技术类书籍的出版情况,适当整理做出笔记,并试着归纳出技术类书籍出版的发展趋势。

第四节　采取有效方式　确认资料内容

一、字词积累

1.下列各组词语中加点字的注音完全正确的一组是（　　）
A. 吆喝（yāo hē）　　　降（jiàng）服
　　方遒（qiú）　　　　狭隘（ài）
B. 蜈蚣（wú gōng）　　　捍（hàn）卫
　　丫鬟（huán）　　　　煤屑（xiāo）
C. 敷衍（fū yǎn）　　　撇（piē）下
　　胆怯（qiè）　　　　花卉（huì）
D. 渣滓（zhā zhǐ）　　　毗（bì）邻
　　内帏（wéi）　　　　紫檀（tán）
2.下列各组词语中没有错别字的一组是（　　）
A. 做客　蝇营狗苟　瓜熟蒂落　入不付出

B. 祖咒　未雨绸缪　故技重演　安分守纪
C. 描摹　趋炎附势　炙手可热　不假思索
D. 缕空　毋用置疑　摩肩接踵　流言菲语

3. 填入横线部分最恰当的一项是（　　）

为了使人们从快节奏的生活中得以_____，科学家利用高科技推出种种消遣手段，诸如电视画面上的碧海、黄沙、绿浪等视觉享受可_____你一天的疲劳；立体音响_____出回肠荡气的乐音可帮助你驱赶欲海横流中的烦恼。

A. 解脱　消减　飘溢　　　B. 超脱　消减　飘荡
C. 解脱　消除　飘溢　　　D. 超脱　消除　飘荡

4. 下列句子中画线的成语使用不当的一项是（　　）

A. 有的时候，说话点到为止即可，把什么都说透、说尽，反倒会<u>索然无味</u>了。

B. 小刚与小雄这对好哥们儿，从小学到初中、高中就一直同班，而且初中开始还一直同住一间宿舍，两人亲密无间、形影不离、互敬互爱，真是一对<u>举案齐眉</u>的好伙伴。

C. 因为丢失了一份重要的文件，整个上午我都<u>心神不定</u>。

D. 对学生进行教育，一定要结合学生的实际情况，循循善诱，既不能<u>揠苗助长</u>，也不能放任自流。

5. 下列各句中没有语病的一项是（　　）

A. 这家乒乓球馆设施齐全，可为乒乓球爱好者提供不同档次的球台、球拍、球衣、球鞋等乒乓器材。

B. 全民义务植树活动开展 25 年来，植树造林事业取得了可喜的成绩。

C. 通过这次才艺大赛，使我们增长了才能，陶冶了情操。

D. 在一些发展中国家，一辆旧西德"奔驰"牌轿车有时可换两辆新的日本轿车。

6. 把下面几个句子组成语意连贯的一段文字，排序正确的一项是（ ）

①从这个意义上说，纯粹的教书匠是不存在的。

②又包括对学生满怀深厚的情感和爱。

③作为一名教师，总是以自身的言行自觉或不自觉地影响着学生、教育学生，

④要教好书、育好人，首先要有高尚的师德，

⑤这是客观存在。

⑥这里既包括为人师表，用自己的行动体现良好的教育思想，

A. ⑥⑤④③②①　　　　B. ③⑤①④⑥②

C. ④③⑤⑥②①　　　　D. ⑤④⑥②①③

二、修辞运用

（一）填空题

1. 在一定的语言环境中，利用词的_____和_____的条件，有意使语句具有_____意义，言在此而_____，这种修辞手法叫做_____。

2. 双关可使语言表达得_____、_____，而且能加深_____，给人以深刻印象。

3. 双关的主要形式：利用词的_____，有意使语句具有双重意义叫做谐音双关；利用词的_____，有意使语句具有双重意义叫做意义双关。

（二）判断题

1. 反语与双关的区别：

相同点：

不同点：

2. 下列句子中有哪些词语运用了双关的修辞手法，请指出并解释另一层意思。

①乾隆要杀人，纪晓岚剥了颗花生给皇上说：微臣敬送皇上一颗仁儿。

运用双关的词语（　　）；另一层意思：_____。

②不写情词不写诗，一方素帕寄心知。心知接了颠倒看，横也丝来竖也丝。这番心思有谁知？

运用双关的词语（　　）；另一层意思：_____。

③门前一古树，两股大丫杈。春至苔为叶，冬来雪是花。两人同登舟，去访欧阳修，修已知道你，你还不知修。

运用双关的词语（　　）；另一层意思：_____。

④西瓜地里散步——左右逢圆（源）

运用双关的词语（　　）；另一层意思：_____。

（三）区别练习

请区别下列句子运用的是反语还是双关的修辞手法。

1. 你是我前世的冤家，好端端叫我心牵挂。

运用的修辞手法（　　）　　　词语（　　）

2. 有几个"慈祥"的老板到菜场去收集一些菜叶，用盐一浸，就是他们难得的"佳肴"。

运用的修辞手法（　　）　　　词语（　　）

3. 裹脚布做鞭子——闻（文）不能闻（文）舞（武）不能舞（武）。

运用的修辞手法（　　）　　　词语（　　）

4. 你长得不错——长成这个样子确实不是你的错。

运用的修辞手法（　　）　　　词语（　　）

（四）应用双关的修辞手法，写出歇后语的下半句

1. 马路新闻——
2. 喜马拉雅山上卖牛黄——
3. 猪鼻子插葱——
4. 盐堆里爬出来的——

三、知识链接

（一）填空题

1. 工具书是指专供人们查考_____、_____、词句出处和_____等而编纂的书籍。

2. 检查字词要查_____和_____；查找图书要会查_____和_____；查找各方面情况和统计资料要查阅_____和_____；查阅古代人事典章制度资料要查_____和_____；了解年代、月份和大事要查阅_____和_____；查阅地名、事物、名人情况要查_____、_____、_____；查找各学科中的问题要查_____；考释、辨析书籍可查_____。

（二）简答题

为了用好工具书，通常需要做好以下几项工作：
第一，

第二，

第三，

四、阅读理解

阅读材料，对下文中意思不能完全理解的词汇，通过查找工具书，弄懂它们的意思。

神奇的能源植物

植物是人类赖以生存的最古老的资源，它伴随着人类走过了几十万年。我们今天得以使用的煤资源，就是来源于远古时期的植物。植物家族种类丰富，除了以煤炭形式为人类服务以外，有些植物还具有可以直接产"油"、产"酒精"的神奇本领。

石油树

在非洲沙漠中，有一种树——"旅人蕉"，不仅能够为人们遮挡烈日，而且能够提供清凉甘甜的饮用水。旅人蕉的每个叶柄底部都有一个酷似大汤匙的"贮水器"，可以贮藏好几斤水，只要在这个位置上划开一个小口子，干净的水便立刻涌出，可供人们消暑解渴。人们在感激"旅人蕉"的同时，也在思考在自然界会不会有植物，如"旅人蕉"产水给人类饮用一般，可以产生汽油给汽车"喝"呢？

美国科学家梅尔温·卡尔文（因研究植物对二氧化碳的吸收以及光合作用于1961年获得诺贝尔化学奖）经过多年的寻找，终于在巴西的热带雨林里发现了一种能产出"石油"的树——香胶树。香胶树属于苏木科，是一种高大的常绿乔木。人们只要在它的树干上钻一个洞，就会有胶汁源源不断地流出来。这种胶汁的化学特性和柴油很相似，无需加工提炼，就可以当柴油来使用。安装柴油发动机的汽车，把香胶树汁液加入油箱，汽车马上就可以启动上路行驶。

除了香胶树，科学家们还陆续发现了一些也能产"油"的植物，如我国海南省生长的油楠树。它的树干含有一种类似煤油的淡棕色可燃性油质液体，在树干上钻个洞，就会流出可直接用作燃油的液体。

自然界中存在着能通过光合作用便可以合成类似汽油的碳氢化合物的植物，我们称之为"石油植物"。"石油植物"被称为21世纪的绿色能源。"石油植物"除了香胶树、油楠外，还有麻风树（大戟科）、油棕（棕榈科）、银合欢（豆科）、文冠果（无患子科）、黄连木（漆树科）等。作为一类野生、半野生能源植物，"石油植物"被认为是未来能源植物发展的重要方向。

蓖麻——能源植物中的重要力量

除了香胶树、油楠树等这些可以直接合成"石油"的能源植物外，富含油脂碳氢化合物的植物也是能源植物中的重要角色。我们每餐都食用的大豆油、花生油、菜籽油等，都是来源富含油脂的植物种子。富含油脂的植物种子制成的天然植物油经过催化酯化工艺很容易转化为生物柴油。

蓖麻，大戟科，一年或多年生草本植物，蓖麻种子含油量高达50%左右，因此蓖麻是富含丰富油脂的优良能源植物。蓖麻油不宜食用，但蓖麻油属于重要工业用油，可用作飞机、船舶和汽车的高级用油及替代石油的化工原料。利用蓖麻油生成的化学衍生物有175种之多，从石油中得到的系列产品大多可从蓖麻油深加工中获得。美国将蓖麻列为八大战略物资之一；法国把用蓖麻油生产尼龙11树脂列为国家一级机密，被视为保国家能源安全、潜力巨大的可再生"石油"资源。由此可见，蓖麻在能源植物中的重要战略地位。

资源：

光合作用：

香胶树：

乔木：

五、技能拓展

阅读材料，对下文中意思不能完全理解的词汇，通过查找工具书，弄懂它们的意思。并对文章内容进行压缩处理，整理成100字以内的摘要。

从《谍中谍4》漫谈仿生科技——壁虎手套

高科技、未来科幻题材的电影一直备受好莱坞的偏爱，近期，一部被大家熟知的大片《谍中谍4》又现银屏，再一次在广大影迷中刮起了一股不小的旋风。剧中扣人心弦的情节以及实景3D投影幕布、壁虎手套、带有人脸识别和摄像功能的隐形眼镜等形形色色的高科技设备将大家深深吸引。影片中有非常吸引眼球的一段场景，阿汤哥借助神奇的壁虎手套，徒手潇洒地在世界第一高楼上飞檐走壁，真正在完成着不可能的任务。在观看影片的同时，也许我们也时刻幻想并渴望这些神奇的高科技装备有一天也会出现在我们的日常生活当中，让我们每一个人都可以体验其中。

那么人们在感受震撼的同时，也会产生疑问，如此神奇的道具,现实中存在吗?答案是——壁虎手套不但真实存在,而且围绕其产生的前后,对壁虎飞檐走壁神技的研究,同样开阔着我们的视野。

壁虎漫步,独门舞步

壁虎并不是什么稀奇的动物,人类祖先还住山洞的时候就与之为邻了,而壁虎在天花板上藐视重力行走如飞,这样反常理的现象理应能牢牢地吸引人们的注意,并使人苦苦求解。

这个问题就这么一直悬而无解,直到19世纪,人们才开始提出一些逐渐靠谱的答案。当时的人们最先想到的是黏液说,但是经过仔细观察,壁虎的脚上并没有可以分泌黏液的腺体,所以这个说法很快被终结了。那是不是吸盘呢?1934年,德国科学家沃尔夫·德利特(Wolf-Dietrich Dellit)把壁虎放在玻璃罩子里,然后把玻璃罩里的空气抽走,结果壁虎仍然可以爬上垂直的玻璃——吸盘说被终结了。而后人们又想到了静电,把气球在头发上蹭几下它就能吸在天花板上,壁虎是不是这样做的呢?又有"好事者"用X光将空气电离,然后在电离的空气里放上一块金属板,这时静电荷是不会在金属板上蓄积的。又一次,壁虎哧溜溜地破解了这个说法。

脚底板有毛,范德华给力

又是被抽真空,又是被X光辐射,壁虎可真没少遭罪。转了一圈,注意力又重新回到了壁虎的脚上。在1872年,有科学家用显微镜观察发现壁虎的脚底板上布满了细小的刚毛,并且刚毛的末端似乎是弯曲的,于是人们想到了尼龙粘扣。1965年,来自美国加州大学河滨分校的生物学家瑞宝(Rodolfo Ruibal)把壁虎的脚放在了电子显微镜下,他发现那些看似小钩子一样的刚毛末端,实际上是开叉的,每根刚毛都分成了100~1000根更细的绒毛,这些绒毛极大地增加了壁虎脚掌的面积,特别是当壁虎攀在那些粗糙的物体表面时,这些绒毛更能填满那些细小的坑洼。人们很快猜到了，可能是一种叫"范德华力"的东西在起作用。所谓"范德华力"，又叫分子间作用力，是一种发生于分子与分子之间的吸引力，相比让原子构成分子的那些作用力，范德华力很小，生活中我们往往不会注意到它的存在。举个例子，我们刚买一部新手机，揭开屏幕保护膜的那个瞬间，其实那层膜就是靠范德华力"粘"在手机屏幕上的。由于范德华力的作用距离非常小，当你把保护膜的一角轻轻拉起，只要膜和屏幕不再紧密接触，范德华力就失去了作用，这时那层不管你怎么搓怎么蹭都不会掉的膜，就轻松脱落了。壁虎的脚趾，使用的正是"揭膜大法"。

那么，也许有人会提出这样的疑问——如果壁虎脚上的这些刚毛粘了脏东西怎么办？如前所述，范德华力的作用距离很小，就好像手机贴膜如果粘了灰尘，就不好使了。壁虎生活的环境可不是那么干净，灰尘、花粉颗粒，这些都足以让壁虎失足，可是也没见哪只壁虎好端端地从天花板上掉下来。经过研究证实，壁虎的刚毛不但拥有像荷叶一样的"超疏水性"，任何水滴都会从它的表面滑落下来顺便带走灰尘；而且它刚毛上的绒毛尺寸比灰尘小得多，以至于这些绒毛对灰尘的吸附力不及灰尘与墙面的吸附力，这是真正的踏雪无痕。

壁虎手套？这个"可以有"

既然从仿生的角度明白了壁虎这一独门绝技的奥秘，人们就开始着手将其应用于科技。2001年，美俄两国科学家共同开始研发"壁虎胶带"，这是胶带史上的一次革命，因为这种胶带是真正的"不湿胶"胶带，也就是所谓的干性粘接。2003年，成品问世，这是一种甚至动用了可以操纵单颗原子运动的原子力显微镜在内的各种精密仪器生产出来的胶带。半个指甲盖那么大一点就可以把一只蜘蛛侠玩偶粘在天花板上。

至于壁虎手套，那自然是没有问题。而且，真正的壁虎手套比阿汤哥那双要高档得多，因为干性粘接本身无需能源，因此没电失效这种事是不会发生的。但是真正造出来的壁虎手套可能没阿汤哥那双那么拉风，或者说过于拉风了。在现实生活中已经有地球人利用壁虎手套爬墙了。2008年，业余攀岩爱好者沃林斯基小姐（Lynn Verinsky）用罗伯特福教授设计的"壁虎手套"——实际上是"壁虎板子"成功爬了一段垂直的墙壁。当然，绝对没有阿汤哥在哈利法塔外墙上那般潇洒。看来对于寻常百姓来说，顶级特工不是那么好当的。

黏液：

范德华力：

超疏水性：

吸附力：

摘要：

第三单元　接受性阅读单元

第一节　整体感知课文

一、字词积累

1. 下列各组词语中加点字的读音完全相同的一组是（　　）
A. 庇护　裨益　奴婢　筚路蓝缕　刚愎自用
B. 驾驭　与会　熨帖　卖官鬻爵　毁家纾难
C. 古刹　诧异　岔路　叱咤风云　姹紫嫣红
D. 诘问　拜谒　拮据　残碑断碣　孑然一身

2. 下列词语中没有错别字的一组是（　　）
A. 景仰　利欲熏心　汪洋咨肆　一言以蔽之

B. 蜂拥　贸然行事　戛然而止　万变不离其宗
C. 松弛　骨鲠在喉　察言观色　防民之口胜于防川
D. 木讷　渡日如年　即景生情　王顾左右而言他

3. 依次填入下列各句横线处的词语，最恰当的一组是（　　）

（1）为积极应对禽流感疫情，促进家禽业健康发展，从中央到省市各级政府召开专题会议研究制定_____家禽业健康发展的有关政策。

（2）中央电视台同时在3个频道以现场直播的方式报道国家领导人出访，改变了以往时政新闻报道时效_____，给人耳目一新的感觉。

（3）一座占地面积_____600个足球场，融商务贸易、金融会展等功能于一体的地下城刚刚_____专家论证，预计4月初破土动工。

A. 扶持　滞后　相当于/通过
B. 扶持　落后　约为/通过
C. 支持　落后　相当于/经过
D. 支持　滞后　约为/经过

4. 下列各句中加横线的词语使用不正确的一项是（　　）

A. 十多年来，人们<u>摸着石头过河</u>，如今，资本市场改革发展的宏伟蓝图已经清晰地展现在世人面前，我国资本市场终于有了一个明确的发展方向。

B. 只有加强思想教育和人格品质的培养，改革课程设置，倡导科学的教学与考试方法，从根本上解决学以致用的问题，才能对现有的舞弊现象起到<u>釜底抽薪</u>的作用。

C. 河西的房价已普遍逼近每平方米5000元，不少二期工程比一年之前的一期足足涨了每平方米1000元。南京楼市的这种涨幅甚至让京沪粤等地的市民都<u>叹为观止</u>。

D. 一些地方产生"电荒"是有原因的，<u>冰冻三尺非一日之寒</u>，除了冬季取暖用电量上升、江河缺水等原因外,更与地方煤炭、电力行业长期存在的体制弊端有直接关系。

5. 下列各句中没有语病的一项是（   ）

A. 欧盟委员会去年底发表的报告显示,即将加入的 10 个新成员国的人均国民生产总值仅为现有成员国平均水平的 47%,新老成员国贫富十分悬殊。

B. 地图是城市发展的一面镜子。当上海的城市地图不断修订甚至达到每周均出新版时,它所显示的意义也就不言自明:这座大都市的变化太快太大。

C. 刘涌以组织、领导黑社会性质组织罪等 7 项罪名被最高人民法院再审判处死刑。据悉,对刑事案件启动再审程序是最高人民法院有史以来的首次。

D. 具有两千五百多年历史的古城苏州荟萃了江南园林的精华,沧浪亭、狮子林、拙政园、留园、网狮园等无不以流光溢彩的风姿为中外游人所倾倒。

二、修辞运用

（一）填空题

1. 夸张的特点：为追求某种表达效果,对原有事物进行合乎情理的着意_____或_____。

2. 夸张的作用：利于突出事物的_____,鲜明表现作者的_____,增加语言的_____。

3. 使用夸张的修辞手法要注意：夸张要以_____为基础,不能失去生活的_____,不能_____,要给人以_____。

4. 夸张的种类有：_____，_____，_____。

（二）判断下面句子用了哪些修辞方法

1. 三万里河东入海，五千仞岳上摩天。（   ）

2. 桂子花开，十里飘香。（   ）

3. 高粱笑红了脸，稻子笑弯了腰。（   ）

4. 五岭逶迤腾细浪，乌蒙磅礴走泥丸。（   ）

5. 巴掌大的小商店，却给附近村民带来了方便。（   ）

（三）根据修辞格使用要求，写背诵过的诗句

比喻：_____

夸张：_____

拟人：_____

三、知识链接

（一）填空题

1. 汉语的阅读，从字词到句子，它们的意义都需要在一定的语言环境中才能确定，所以阅读的基本过程是_____→_____→_____。

2. 在阅读全文的基础上，要对文章有一个总体的把握，可采用以下三种方法：

（1）_____；

（2）_____；

（3）_____。

(二) 简答题

1. 如何从题目着手了解全文，试举例说明。

2. 如何从文体着手读懂全文，试举例说明。

四、阅读理解

阅读书本中课文《穿越百年的美丽》，然后回答问题。

1. 下面对文章中心的概括，最恰当的一项是（　　）

A. 本文通过居里夫人努力奋斗和淡泊名利的叙写，表明一个人只有知道自己的目标和价值，才能"直进到智慧高地，自由地驾驭规律，而永葆一种理性的美丽"。

B. 本文以居里夫人为例，并通过批判现代女孩吃青春饭的现象，赞颂了有一类人"淡淡地生活，静静地思考，执着地进取，直进到智慧高地，自由地驾驭规律，而永葆一种理性的美丽"。

C. 本文赞颂了居里夫人的坚定信念、执着进取、淡泊名利等美好品格以及由此带来的伟大发现，并进而指出只有知道自己的价值和目标，"淡淡地生活，静静地思考，执着地进取"，才能"直进到智慧高地，自由地驾驭规律，而永葆一种理性的美丽"，从而体现人的价值与尊严。

D. 本文通过居里夫人、诸葛亮、毛泽东等人与现代吃青春饭女孩的对比，批判了当代社会中执着进取、淡泊名利等美好品格的丧失，并指出只有进入智慧高地、驾驭规律、永葆理性，才能成就大功业,为社会做出巨大的贡献。

2. 文章第一段说"今年是一个特殊的美丽的年份",这"特殊的"是就什么而言的?

答:_____。

3. 文章第二段描写了居里夫人"美丽而庄重的形象",这一描写的目的是什么?

答:_____。

4. 文章第四段说"人有多重价值",用文中词语表述,这"多重价值"包括哪些?居里夫人追求的是哪一种价值?

答:_____。

5. 文章最后说,居里夫人"成了一位挺立在智慧高地的伟人",根据文章回答,居里夫人达到这种境界的原因是什么?

答:_____。

五、技能拓展

提取文章《少年牛顿》的主要内容,写一篇关于少年牛顿的简介。

少年牛顿

1643年1月4日,在英格兰林肯郡小镇沃尔索浦的一个自耕农家庭里,牛顿诞生了。牛顿是一个早产儿,出生时只有三磅重,接生婆和他的亲人都担心他能否活下来。谁也没有料到这个看起来微不足道的小东西会成为一位震古烁今的科学巨人,并且竟活到了84岁的高龄。

牛顿出生前3个月父亲便去世了。在他2岁时,母亲改嫁给一个牧师,把牛顿留在外祖母身边抚养。11岁时,母亲的后夫去世,母亲带着和后夫所生的一子二女回到牛顿身边。牛顿自幼沉默寡言,性格倔犟,这种习性可能来自他的家庭处境。

大约从5岁开始,牛顿被送到公立学校读书。少年时的牛顿并不是神童,他资质平常,成绩一般,但他喜欢读书,喜欢看一些介绍各种简单机械模型制作方法的读物,并从中受到启发,自己动手制作些奇奇怪怪的小玩意,如风车、木钟、折叠式提灯等。

传说小牛顿把风车的机械原理摸透后,自己制造了一架磨坊的模型,他将老鼠绑在一架有轮子的踏车上,然后在轮子的前面放上一粒玉米,刚好那地方是老鼠可望不可即的位置。老鼠想吃玉米,就不断地跑动,于是轮子不停地转动。又一次他放风筝时,在绳子上悬挂着小灯,夜间村人看到惊疑是彗星出现。他还制造了一个小水钟,每天早晨,小水钟会自动滴水到他的脸上,催他起床。他还喜欢绘画、雕刻,尤其喜欢刻日晷,家里墙角、窗台上到处安放着他刻画的日晷,用以验看日影的移动。

牛顿12岁时进了离家不远的格兰瑟姆中学。牛顿的母亲原希望他成为一个农民,但牛顿本人却无意于此,而酷爱读书。随着年龄的增长,牛顿越发爱好读书,喜欢沉思,做科学小实验。他在格兰瑟姆中学读书时,曾经寄宿在一位药剂师家里,使他受到了化学试验的熏陶。

牛顿在中学时代学习成绩并不出众,只是爱好读书,对自然现象有好奇心,例如,颜色、日影四季的移动,尤其是几何学、哥白尼的日心说等。他还分门别类地记读书笔记,又喜欢别出心裁地做些小工具、小技巧、小发明、小试验。

当时英国社会渗透着基督教新思想,牛顿家里有两位以神父为职业的亲戚,这可能影响牛顿晚年的宗教生活。从这些平凡的环境和活动中,还看不出幼年的牛顿是个才能出众异于常人的儿童。

后来迫于生活,母亲让牛顿停学在家务农,赡养家庭。但牛顿一有机会便埋首书卷,以至经常忘了干活。每次,母亲叫他同佣人一道上市场,熟悉做交易的生意经时,他便恳求佣人一个人上街,自己则躲在树丛后看书。有一次,牛顿的舅父起了疑心,就跟踪牛顿上市镇去,发现他的外甥伸着腿,躺在草地上,正在聚精会神地钻研一个数学问题。牛顿的好学精神感动了舅父,于是舅父劝服了母亲让牛顿复学,并鼓励牛顿上大学读书。牛顿又重新回到了学校,如饥似渴地汲取着书本上的营养。据说有一次,他去郊外游玩,之后靠在一棵苹果树下休息,忽然,一个苹果从树上掉下来。他觉得很奇怪,为什么苹果会从上往下掉而不是从下往上升?他带着这个疑问回到了家里研究,后来他通过论证发现原来地球是有引力的,能把物体吸住。随后,就出现了《牛顿物理引力学》。

第二节　理清文章思路

一、字词积累

1. 下列各组词语中加点字的读音完全相同的一组是（　　）
A. 旌旗　遒劲　粳米　兢兢业业　泾渭分明
B. 罹难　迤逦　阴霾　酣畅淋漓　管窥蠡测
C. 荟萃　市侩　污秽　脍炙人口　绘声绘色
D. 熹微　膝盖　奚落　心有灵犀　悉心照料

2. 下列各组词语中没有错别字的一组是（　　）
A. 斡旋　蝇营狗苟　不容置喙　口慧而实不至
B. 剽窃　未雨绸缪　故技重演　英雄所见略同
C. 贸然　向隅而泣　炙手可热　在地愿为连理枝
D. 联袂　毋用置疑　摩肩接踵　达则兼济天下

3. 依次填入下列各句横线处的词语，最恰当的一组是（　　）

（1）阿Q这个人物也是有生活_____的，更重要的是他反映了那个时代国民精神的一些弊病。

（2）屈原披头散发，形容枯槁，神情悲怆，他_____于汨罗江畔，放不下故国热土和自己永远挚爱的人民。

(3)列夫·托尔斯泰说过，爱的嫩芽是细弱的，_____长起来的时候，它_____强大无比，所以必须精心呵护。

　　A. 原形　留连　只要/就　　B. 原型　流连　只有/才
　　C. 原形　留恋　只要/就　　D. 原型　留恋　只有/才

4. 下列各句中加横线的成语使用不恰当的一项是（　　）

　　A. 这里领导的作风<u>亟须</u>改变，因为他们对取得的成绩宣传不遗余力，对存在的缺点却<u>讳莫如深</u>，不愿意深入检查反思。

　　B. 想象是一双美丽的翅膀，音乐无形，却能使人<u>荡气回肠</u>；话语无色，却能给人<u>姹紫嫣红</u>的风光。

　　C. 社会进步了，生活水平提高了，我们不用过<u>箪食瓢饮</u>的日子，但那种一掷千金的"豪爽"也是我们应该唾弃的。

　　D. 基础知识的学习最需要扎扎实实的循序渐进，不下苦工夫想<u>一蹴而就</u>是不可能的。

5. 下列各句中没有语病的一项是（　　）

　　A. 对于这种侵害顾客利益的行为，商场负责人拒不认错，于是几位顾客只好状告法院，以求公正。

　　B. 有时候示弱不是一种软弱的表现，相反却可称作是一种人生的智慧和清醒，令人感慨。

　　C. 越来越多的下岗职工凭着再就业的优惠政策走上了创业之路，他们把国家贴息贷款的将近一半以上作为创业的启动资金。

　　D. 据报道，北京将投资167亿元扩建首都机场，备受关注的首都机场新航站区建筑方案中标方案为具备世界一流机场的建筑功能和特色的B方案。

6. 下列句子中标点符号的使用，正确的一句是（　　）

　　A. "我国平民本来就没有什么脸可讲，"林语堂先生幽默地说，"还是请贵人自动丢脸吧，以促法制之实现，而跻国家于太平。"

　　B. 大幕徐徐拉开了，琴声——这饱含情韵，畅快倾诉的心语悠扬地飞翔在剧场中，萦绕在每个人的耳畔。

C. 北大方正的创始人王选把科技领域里的人才喻为三类：指兔子的人，打兔子的人，捡兔子的人，他自认为是第二种人。

D. 作为物候学的专门研究者，他总是认真观察：哪天桃花开了？哪天柳絮飞了？哪天布谷鸟叫了？

二、修辞运用

1. 对下面句子运用的修辞手法依次做出正确判断的是（　　）
（1）它笑那些乌云，它因为欢乐而号叫。
（2）世间还能有比这更居心险恶的事情吗？
（3）阿房宫，三百里，住不下金陵一个史。
（4）自由主义是一种腐蚀剂。
A. 拟人　设问　夸张　比喻
B. 拟人　反问　对比　比喻
C. 拟人　反问　比喻　夸张
D. 拟人　反问　夸张　比喻

2. 对下列各句修辞方法判断有误的一项是（　　）
A. 夺取全国胜利，这只是万里长征走完了第一步。（夸张）
B. 油蛉在这里低唱，蟋蟀们在这里弹琴。（拟人）
C. ……还要将脖子扭几扭。实在标致极了。（反语）
D. 希特勒、墨索里尼，不都在人民面前倒下去了吗？（反问）

3. 指出下列各句运用了哪些修辞方法？
（1）淡黑的起伏的连山，仿佛是踊跃的铁的兽脊似的，都远远地向船尾跑去了，但我却还以为船慢。（　　　　）
（2）我能够不进去吗？我不能？我想，要在祖国遇见这种情形，我能够进去，那么，在朝鲜，我就可以不进去吗？朝鲜人民

和我们祖国的人民不是一样的吗？（　　　）

（3）处处干燥，处处烫手，处处憋闷，整个老城像烧透了的砖窑。（　　　）

（4）小草偷偷地从土里钻出来，嫩嫩的，绿绿的，园子里，田野里，瞧去，一大片一大片：满是的。坐着，躺着，打两个滚，踢几脚球，赛几趟跑，捉几回迷藏。（　　　）

三、知识链接

（一）填空题

1. "作者思有路，遵路识斯真。"这句话是＿＿＿＿＿＿＿＿＿。它的意思是＿＿＿＿＿＿＿＿＿＿＿＿＿＿＿＿＿＿＿＿＿＿＿
＿＿＿＿＿＿＿＿＿＿＿＿＿＿＿＿＿＿＿＿＿＿＿＿＿＿＿。

2. 文章的思路大致可以分为＿＿＿＿和＿＿＿＿两种。

3. 纵向思路通常可以分为＿＿＿＿、＿＿＿＿、＿＿＿＿三种。

4. 横向思路通常可以分为＿＿＿＿、＿＿＿＿、＿＿＿＿三种。

5. 审题的要领有三个：①＿＿＿＿＿＿＿；②＿＿＿＿＿＿＿
＿＿＿＿＿＿＿＿＿＿；③＿＿＿＿＿＿＿＿＿＿＿＿＿。

（二）简答题

1. 怎样在阅读过程中理清文章的思路？

2. 请简要分析划分段落时如何抓联系纽带。

四、阅读理解

(一) 阅读文段

设计者和匠师们因地制宜,自出心裁,修建成功的园林当然各个不同。可是苏州各个园林在不同之中有个共同点,似乎设计者和匠师们一致追求的是:务必使游览者无论站在哪个点上,眼前总是一幅完美的图画。为了达到这个目的,<u>他们讲究亭台轩榭的布局,讲究假山池沼的配合,讲究花草树木的映衬,讲究近景远景的层次</u>。总之,一切都要为构成完美的图画而存在,决不容许有欠美伤美的败笔。

1. 文中最能体现苏州园林异中之同的整体特征的一句话是

_____

_____。

2. 苏州园林的特点体现在哪些方面?

_____

_____。

3. 结合语段,以下对"败笔"一词的解释最符合作者原意的应该是（　　）

　　A. 影响整个字的一笔　　B. 文中写得不好的句子
　　C. 园林设计上的欠缺　　D. 园林绘画方面的不足

4. 把文中画线句子改成"他们讲究亭台轩榭的布局、假山池沼的配合、花草树木的映衬和近景远景的层次"好不好?为什么?

_____

(二)阅读文段

（1）一条高低曲折的长廊，中间用同样一条高低曲折的花墙隔起来，就形成了内外两道长廊，这便是复廊。（2）沧浪亭整个园子，就环抱在这个长长的优美的复廊里。（3）复廊的外廊，紧贴园外的碧水河塘。你从外廊走，仿佛你并不在园里，而是在园外青葱翠色的田郊野外漫步。（4）但是，转过脸，你从花墙向里面看，却隐隐地看到<u>园内树影婆娑，古亭傲立，绿竹红花，随风摇曳</u>，另有一番风味。（5）如果从内廊走，你可以尽情欣赏园内那些亭台、假山、芭蕉掩映的小榭，飞檐凌空的厅屋等建筑艺术。（6）但转过脸，从花墙透窗外，园外的风光却又飞快地进入你的眼帘。（7）<u>这复廊真有说不尽的奇妙处</u>。

1. 这段文字说明的对象是：_____。

2. 说明对象的特征是：_____。

3. 用"‖"划分层次：（1）（2）（3）（4）（5）（6）（7），并指出结构形式（　　）

  A. 总分　　　　　　　B. 分总

  C. 总分总　　　　　　D. 并列

4. 说明的顺序是（　　）

  A. 由概括到具体　　　B. 由整体到部分

  C. 由原因到结果　　　D. 由特点到用途

  E. 由远到近　　　　　F. 由外到内

  G. 由春到秋　　　　　H. 由早到晚

5. "园内树影婆娑，古亭傲立，绿竹红花，随风摇曳"，"这复廊真有说不尽的奇妙处"各运用的表达方式是（　　）

  A. 叙述　　　　　　　B. 描写

  C. 议论　　　　　　　D. 抒情

五、技能拓展

仿照《南州六月荔枝丹》的写法,条理清楚地介绍一样家乡特产。

第三节 提炼文章主旨

一、字词积累

1. 请选出下列各组词语中加点字的读音完全正确的一组（　　）

A. 踌（chóu）躇　　　　静谧（mì）
   言简意赅（hài）　　　追溯（shuò）

B. 惬（qié）意　　　　　尴尬（gà）
   忍俊不禁（jì）　　　　绮（qǐ）丽

C. 晨曦（xī）　　　　　禁锢（gù）

重蹈覆辙（zhé） 犀（xī）利

D. 魁梧（wǔ） 安恬（tián）
通幽曲（qū）径 热忱（zhěn）

2. 下列加点字音、形完全正确的一组是（　　）

A. 大度（dù） 鱼翅（chì）
国粹（cuì） 故弄（lòng）玄虚

B. 摩（mó）登 吝（lìn）啬
给（jǐ）予 残羹冷炙（zhì）

C. 古董（dǒng） 孱（càn）头
脑髓（suí） 礼上（shàng）往来

D. 奖赏（shǎng） 自诩（xǔ）
蹩（biē）进 鱼鳍（qí）

3. 下列加点字为错别字，请把正确的字改正在括号中。

再接再励（　　） 谈笑风声（　　）
大相经庭（　　） 粗制烂造（　　）
张灯接彩（　　） 反应情况（　　）
鬼鬼崇崇（　　） 错落有志（　　）
痛心疾手（　　） 关怀倍至（　　）
巧装打扮（　　） 好高鹜远（　　）
语无论次（　　） 名列前矛（　　）
挺而走险（　　） 天翻地复（　　）

4. 下列加点词语运用正确的一项是（　　）

A. 乒坛小将邱贻可在第47届乒赛上一鸣惊人，以4∶2淘汰了男子单打头号种子选手波尔。

B. 小女孩吃力地推着车，但无论如何也推不上那个土坡，我上前帮了她一把，趁机向她聊了起来。

C. 除非星期天没有事，我们就去看一场电影。

D. 漓江山水美如画，遗憾的是我还没有涉足。

5. 下列各句中没有语病的一句是（　　）

A. 我校90周年校庆徽标设计大赛的参赛者大多是以高二年级的师生为主，其他年级的师生也有，但数量不多。

B. 我国如果不能缓解人口增长对水土资源构成的巨大负担，那么环境的恶化将会危及社会经济的可持续发展。

C. 实施以培养创新精神和实践能力为重点的素质教育，关键是改变以单独传授知识为主的教学方式和被动接受知识的学习方式。

D. 中宣部有关人士指出，如果不加强网络道德建设，一些消极落后的思想就可能通过网络影响人们的身心健康，扰乱正常的社会，损害改革发展的大局。

二、修辞运用

（一）判断题

1. "街上仿佛没了人，道路好像忽然加宽了许多。"这句是比喻句。（　　）

2. 本体和喻体须是两种不同的事物，但又有相似点，否则不能构成比喻。（　　）

3. "广场上人山人海，人们像蚂蚁一样挤在一起"。（　　）

4. 比喻构成方式分为三类：（　　）

明喻："甲像乙"本体（甲）、喻体（乙）、喻词都出现；

暗喻："甲是乙"喻词用"是、成为、成了、变成"等；

借喻：没有比喻词，暗喻的比喻词是"是"。

（二）指出下列句子中比喻的类型

1. 叶子（荷叶）出水很高，像亭亭的舞女的裙。（　　）

2. 月光如流水一般，静静地泻在这一片叶子和花上。（   ）

3. 草原的天气是孩子的脸，说变就变。（   ）

4. 慢慢地，月亮成了小船一般。（   ）

(三) 仿写比喻句

那声音（指浪涛声）仿佛是朦胧的月光和玫瑰的晨雾那样温柔；又像是情人的蜜语那样芳醇；低低地，轻轻地，像微风拂过琴弦，像落花飘零在水上。

仿写：

三、知识链接

1. 阅读课本中"提炼文章主旨"知识链接部分，完成填空。

（1）文章的中心_____是文章的灵魂，抓住了它就可以对全文内容做到心中有数。因为文章的其他内容都是要为_____服务的。

（2）提炼文章主旨有如下几种方法：一是标题提示法，二是_____；三是_____；四是_____；五是_____。

 2. 解释下列名词的意思。

标题提示法：

段意串联法：

3. 杂文，现代散文的一种，不拘泥于某一种形式，偏重于议论，也可以叙事。杂文，是直接而迅速地反映社会事变或社会倾向的文艺性论文。其主要特点：内容（   ），形式（   ），（   ）短小精悍，（   ）犀利活泼。

四、阅读理解

阅读《拿来主义》一文，完成下列练习。
（一）基础训练
1. 下面一段文字空缺处应填入的一组关联词语是（   ）
看见鱼翅，（   ）不就抛在路上以显其"平民化"，（   ）有养料，也和朋友们像吃萝卜白菜一样的吃掉，（   ）不用它来宴大宾；看见鸦片，也不当众摔在厕里，以见其彻底革命，（   ）送到药房里去，以供治病之用，（   ）不弄"出售存膏，售完即止"的玄虚。

A. 却　只要　而且　却　而
B. 并　如果　而　而　却
C. 并　只要　只　只　却
D. 却　如果　只　却　并

2. 生疏字词注音析义。
自诩（　　　　　　　）　残羹冷炙（　　　　　　　）

（二）内容理解
1. 课文开头从"闭关主义"、"送去主义"谈起，对此分析正确的一项是（   ）
A. 对待文化遗产的问题同国家政权内外政策密切相关。
B. "闭关主义"和"送去主义"，都与中华民族文化的创新和发展不相容。

C. 对两种主义的否定，就是从反面论证拿来主义的正确。

D. 使人们吸取经验教训，所以从历史发展谈起。

2. 对"这种奖赏，不是误解为'抛给'的"一句的正确理解是（　　）

A. 这"抛给"实际上就是"抛来"之意，只是说法不同而已。

B. 故这"抛给"是指外国人自动送来的。

C. 这"抛给"包含了善意施舍之意。

D. 使人们吸取经验教训，所以从历史发展谈起。

3. 课文中的第二部分运用了比喻论证，将抽象的、深奥的道理形象化、浅显化，说出下列词语分别比喻什么。

大宅子——

鱼翅——

鸦片——

烟灯和烟枪——

姨太太——

五、技能拓展

阅读下面一篇文章，运用重复中心法归纳文章主题；并结合现实生活中的社会现象，写一篇300字左右的感想。

卡拉OK　跳舞机　拿来主义

卡拉OK是20世纪末的一个新兴产物。现在城市的大街上，我们经常可以看到诸如此类的霓虹灯广告："一楼生猛海鲜，二楼卡拉OK，三楼桑拿按摩。"作为酒楼饭庄的一种配套设施，卡拉OK不失为一种帮助消化的胃药。本来卡拉OK是为了满足人们的作秀欲,所以大街小巷传遍五音不全的嘶哑呐喊也就见怪不怪了,可是当卡拉OK逐渐演变为一种公关手段时,卡拉OK的风气似乎多了几分暧昧意味,就和桑拿、按摩一起,成为了夜生活的一部分。所以,顺理成章的,卡拉OK就成了"恶俗"的产物,为一般人所不齿了。

  进入2000年以来,南京大街小巷又仿佛雨夜春笋似的冒出了一种类似卡拉OK的新玩意儿,不用我说大家也能看得见,这就是"跳舞机"。要说跳舞机的玩法其实和卡拉OK差不多,你踩上踏板,跟着音乐的节奏,上上下下地跳呀跳。游戏室里常有高手的脚法(实在不敢称舞步)快捷,博得了围观的观众们的喝彩,站在机台上的心里美滋滋的,台下的却还在期盼,什么时候我也能……于是热衷跳舞机的朋友越来越多,其实我看跳舞机就是一种变异的DISCO,加入了电子游戏的几大因素,它能迅速火暴的原因应该和卡拉OK的流行差不多。正如卡拉OK搞俗了流行音乐,跳舞机也让各位朋友着实过了一把"舞台秀"的瘾,感觉跳舞机的流行比起卡拉OK的闹腾,倒十分适合新新人类们的需要。于是,当南京一些乡镇企业生产出塑料质的跳舞毯时,很快便满街全是,推窗可见了,这恐怕要算是后卡拉OK时代了。

  只不过不管跳舞机也好,卡拉OK也罢,还有那许许多多的俗玩意儿却都不是咱们自己的创造,而是来自东瀛扶桑的舶来品。不由得不使我们深思,小鬼子想出来的东西为什么这么好玩,而咱中国人脑子绝不比小鬼子差,为什么到现在还在琢磨那几千年传下来的传统东西,而不去创造发展咱中国的跳舞机、卡拉OK呢?看来中国人的创造力还远没有使出来,闲下心来想想,从跳舞机、卡拉OK这些新玩意儿上我们应该学到些什么?当然,好东西我们也应遵循鲁迅的"拿来主义"!我先去蹦两首曲去,昨儿刚买来第二块跳舞毯,争取三个星期内蹦穿它,不多说了,先走先走。

 1. 运用重复中心法归纳文章主题。

 2. 感想（300字左右）。

拉 OK 不失为一种帮助消化的胃药。本来卡拉 OK 是为了满足人们的作秀欲,所以大街小巷传遍五音不全的嘶哑呐喊也就见怪不怪了,可是当卡拉 OK 逐渐演变为一种公关手段时,卡拉 OK 的风气似乎多了几分暧昧意味,就和桑拿、按摩一起,成为了夜生活的一部分。所以,顺理成章的,卡拉 OK 就成了"恶俗"的产物,为一般人所不齿了。

进入 2000 年以来,南京大街小巷又仿佛雨夜春笋似的冒出了一种类似卡拉 OK 的新玩意儿,不用我说大家也能看得见,这就是"跳舞机"。要说跳舞机的玩法其实和卡拉 OK 差不多,你踩上踏板,跟着音乐的节奏,上上下下地跳呀跳。游戏室里常有高手的脚法(实在不敢称舞步)快捷,博得了围观的观众们的喝彩,站在机台上的心里美滋滋的,台下的却还在期盼,什么时候我也能……于是热衷跳舞机的朋友越来越多,其实我看跳舞机就是一种变异的 DISCO,加入了电子游戏的几大因素,它能迅速火暴的原因应该和卡拉 OK 的流行差不多。正如卡拉 OK 搞俗了流行音乐,跳舞机也让各位朋友着实过了一把"舞台秀"的瘾,感觉跳舞机的流行比起卡拉 OK 的闹腾,倒十分适合新新人类们的需要。于是,当南京一些乡镇企业生产出塑料质的跳舞毯时,很快便满街全是,推窗可见了,这恐怕要算是后卡拉 OK 时代了。

只不过不管跳舞机也好,卡拉 OK 也罢,还有那许许多多的俗玩意儿却都不是咱们自己的创造,而是来自东瀛扶桑的舶来品。不由得不使我们深思,小鬼子想出来的东西为什么这么好玩,而咱中国人脑子绝不比小鬼子差,为什么到现在还在琢磨那几千年传下来的传统东西,而不去创造发展咱中国的跳舞机、卡拉 OK 呢?看来中国人的创造力还远没有使出来,闲下心来想想,从跳舞机、卡拉 OK 这些新玩意儿上我们应该学到些什么?当然,好东西我们也应遵循鲁迅的"拿来主义"!我先去蹦两首曲去,昨儿刚买来第二块跳舞毯,争取三个星期内蹦穿它,不多说了,先走先走。

    1. 运用重复中心法归纳文章主题。

    2. 感想（300字左右）。

第四单元　写作单元

第一节　审题与文体确定

一、字词积累

1. 下列各组词语字形及加点字注音完全正确的一组是（　　）
   A. 茫(mán)然　　　　　通畅(chàng)
      表率(shuà)　　　　　醉(zuǐ)心
   B. 雕塑(shù)　　　　　叠(dié)合
      奇妙(miào)　　　　　遐(xiá)思
   C. 心安理(lǐ)得　　　　草长莺(yīn)飞
      百花争艳(yàn)　　　　杳(yǎo)无音信

D. 误入歧（qí）途　　　　风光旖（yǐ）旎

咄咄（duō）逼人　　　　胸襟（jīn）气度

2. 下列各组词语中没有错别字的一组是（　　）

A. 按装　傲游　　　保食终日　报歉
B. 备课　弊端　　　针砭时弊　文质彬彬
C. 布署　查觉　　　松驰　　　披星带月
D. 复盖　防碍交通　骄生贯养　和家欢快

3. 下列各组词语中没有错别字的一组是（　　）

A. 慌恐　　心领神汇　记念　　交点访谈
B. 距绝　　篮图　　　历行节约　感情熔洽
C. 消毁　　记忆尤新　恢心　　既使
D. 面面俱到　苛捐杂税　烂掉　　甜言蜜语

4. 下面词语注音、解释有误的一项是（　　）

A. 洪亮（hóng niàng）：巨大而响亮的声音，一般用来形容完美的音色

B. 贿赂（huì lù）：用给予报酬（如金钱、财产、利益或方便）来收买某人（如政府官员），买通别人

C. 忌恨（jì hèn）：妒嫉别人的才能，而心生怨恨

D. 家畜（jiā chù）：为经济等目的或为消遣所饲养的牲畜总称，尤指菜畜、奶牛、役畜、猪、狗、猫等

5. 下列词语解释有误的一项是（　　）

A. 扬长避短：发扬长处，避开短处
B. 安邦定国：使国家安定、巩固
C. 柳暗花明：柳树阴暗了，繁花就耀眼了
D. 循规蹈矩：原指遵守规矩。现多指拘泥于旧的准则，不敢稍作变通

6. 依次填入下列各句横线处的词语，恰当的一组是（　　）

（1）图书市场的部分作品从内容、写作手法到包装、宣传都

极力媚俗,为文学界乃至许多读者所_____。

(2)产品销售额一落千丈,形势的_____迫使他必须当机立断,停止生产。

(3)如果人类历史的行程也遵循一条之人而必然的规律,那么这个问题是可以解答的,是可以_____的。

A. 不耻　剧变　预示　　B. 不耻　巨变　预见

C. 不齿　巨变　预示　　D. 不齿　剧变　预示

7. 下列各句中,画线的成语使用不恰当的一项是(　　)

A. 新年联欢宴会在喜气洋洋的乐曲声中<u>拉开帷幕</u>,一时间,觥筹交错,笑语喧哗,欢乐的气氛弥漫了整个宴会大厅。

B. 如果一般读者不认为我的这本小册子<u>言不及义</u>,编辑出版工作者又觉得它有可借鉴之处,那么我就心满意足了。

C. 眼下在某些地区,"走穴"正成为一些学者<u>乐此不疲</u>的事情,因为这既能提高知名度,又可带来不菲的经济收入。

D. 日出而作,日落而息,他们就这样日复一日、年复一年地劳作生活在这片广袤的土地上,真有点令人<u>匪夷所思</u>。

二、修辞运用

(一)填空题

设问的特点是(　　)。

反问的特点也是(　　),用(　　)的形式表达(　　)。句末一般用问句,有的也可用感叹号。

问而无答的叫反问,包括用(　　)和(　　)两种形式。

(二) 请将下列句子中正确的修辞方法填入括号内（反问或设问）

1. 在阳光下，大片青松的边沿闪动着白花花的银裙，不是像海边的浪花吗？（　　）

2. 人与山的关系日益密切，怎能不让我们感到亲切、舒服呢？（　　）

3. 这优良的成绩是怎样得来的呢？那是他平时刻苦锻炼的结果。（　　）

4. 这怎么忍受得了呢？（　　）

(三) 仿写

仿照下面的示例，自选话题，另写三个句子，要求所写句子加入设问与反问修辞手法，并形成排比，句式与示例相同。

工作是等不来的，有无机会，看你怎么争取；

业绩是要不来的，有无成效，看你怎么努力；

前途是盼不来的，有无出路，看你怎么奋斗。

_____

_____

三、知识链接

(一) 填空题

1. 写文章或答题前仔细了解题目的要求，通过自己的（　　），了解命题者的（　　），明确写作目的（　　）和（　　），叫做（　　）。

2. 立意，意，就是文章的（　　）、写作目的、（　　）。立意，就是确立（　　），明确（　　）和（　　）。

3. 文体就是文章的（　　），是文学作品的（　　）。可以用各种标准来分类，如根据有韵无韵可分为韵文和散文；根据结构可分为（　　）、（　　）、（　　）和戏剧等。

4. 记叙文是泛指（　　）、（　　）和描写景物的文章。

（二）下列说法正确的一项是（　　）

A. 议论文：对某个问题或某件事进行分析、评论，表明自己的观点、立场、态度、看法和主张的一种文体。

B. 散文：现代散文中以议论和批评为主而又具有文学意味的一种文体。

C. 杂文：它是同诗歌、小说、戏剧并列的一种文学体裁，是最自由的文体，不讲究音韵，不讲究排比，没有任何的束缚及限制，包括杂文、随笔、游记等。这种体裁篇幅小，取材广泛，形式自由，写法灵活，表达含蓄，意境深远，语言优美，能够迅速地反映现实生活。

D. 报告文学：它是文学体裁的一种，以刻画人物形象为中心，通过完整的故事情节来反映社会生活。人物、情节、环境为其三要素。它是通过塑造人物、叙述故事、描写环境来反映生活、表达思想的一种文学体裁，一般分为长篇小说、中篇小说和短篇小说。

四、阅读理解

（一）阅读下面文章，然后按要求做题

在新疆，有一次到山里访问哈萨克牧人，很偶然地认识了一种奇怪的植物。

如果不是新疆友人介绍，我绝不会注意它们的。那是在爬坡的路上，前面的人突然大喊起来："小心，咬人草！"

咬人草？草会咬人？我有点不相信。这是生在路边的一种普普通通的草本植物，叶色暗绿，有点像深秋经霜后的菊，没有什么可怕的地方。

"可别轻视它，碰它一下，就像被毒蜂螫一样，手上要肿痛好几天呢！"友人正儿八经地关照我，绝没有开玩笑的意思。

这愈发激起我的好奇心。我俯下身子，绕着一丛咬人草仔细看了半天。除了发现叶瓣上有细小的透明的刺外，没有任何特别之处。我掏出随身带的旅行剪刀，用摊开的笔记本接着，小心翼翼地剪下两片叶瓣。我要把它带回去，让上海的朋友也能见识一下这种奇怪的草。

"算了吧，它会咬你的。"友人笑着劝我。"不怕。"我很自信地回答。

咬人草夹进了我的笔记本，我却安然无恙。这叶瓣似乎有些桀骜不驯，硬硬的，不肯平伏，那些尖尖的小刺竟戳穿了两页纸。但不管怎么样，它们是我的俘虏了。这种小草会咬人，如同海豚有毒，如同海胆有刺，如同贝壳有壳，只是它在同其他生物的生存竞争中形成了一种自卫本领。

几天之后，我几乎淡忘了这小草。一次，翻开笔记本准备记一些什么，还没有来得及写一个字，只觉得手指上猛地一阵剧痛，就像被尖利的牙齿狠狠地咬了一口。我一下子把笔记本摔得老远，那咬人草的干叶从本子里掉出来，落在我的脚边——依然是硬硬的，一副倔强的模样，仿佛一对暗绿色的眼睛，冷冷地嘲笑着我……

啊！咬人草，它终于咬了我！

咬是被咬了，我却并没有记恨，相反，倒生出一种敬佩的心情来——这任人践踏的、可怜的小草，性格的刚强不屈竟以至于此!它似乎要提醒我一些什么……

我没有再把草叶夹进笔记本,而是任它们在沙土中躺着。因为我确信,假如带着它们,我一定还会被咬的,我不可能老是警觉地惦记着它们、防着它们,也不可能改变它们的性格,与其强迫它们耿耿于怀地跟着我,不如让它们在自己的泥土中找到归宿。

然而,关于这咬人草的故事,我是很难忘记了。

(选自《散文》)

1. 作者借咬人草所表达的是(　　)

A. 赞美咬人草刚强不屈的性格。

B. 对刚强不屈性格的赞扬。

C. 赞美咬人草不改变性格。

2. 本文在写法上的特点是(　　)

A. 直接抒怀,以物喻人。

B. 直抒胸臆,以小见大。

C. 借物抒情言志。

3. 本文的线索是(　　)

A. 咬人草咬人。

B. 咬人草的生长习性。

C. 作者对咬人草的态度变化。

4. "如同海豚有毒,如同海胆有刺,如同贝壳有壳",这句话的修辞手法及在文中的作用是(　　)

A. 比喻。同咬人草作比较。

B. 比喻、排比。强调说明咬人草咬人只不过是一种自卫本领。

C. 排比。咬人草同其他生物竞争。

5. "性格的刚强不屈竟以至于此",这句中的"此",指代的是(　　)

A. 用绿色的眼睛嘲笑我。

B. 夹在本子里成了干叶，还未忘记自卫。

C. 不可能改变它们的性格。

6. "让它们在自己的泥土中找到归宿"，这句话表明（　　）

A. 作者对咬人草的性格的肯定和赞扬。

B. 作者怕再次被咬。

C. 咬人草原长在泥土中，离不开泥土。

7. 给本文一个正确的题目（　　）

A.《小草的性格》

B.《平凡的咬人草》

C.《咬人草小记》

五、技能拓展

（一）阅读文段

著名歌手丛飞节衣缩食，捐赠300多万元，资助了178名贫困学生。当他自己病危住进医院经济困难时，几位受助完成学业就在本地工作的年轻人，竟然没有一个来看望他。这件事被媒体披露后，有一个受助者居然还埋怨说，这让他很没面子。丛飞说，不要责怪他们，我已经不再需要医疗了。

华农大的学生小李和同学们将卖废品的钱捐给了一所希望小学。不久，小李被查出得了白血病，这所希望小学的师生给小李捐款，一个四年级的女生捐了10元，问她为什么把春节压岁钱全部捐出来，她说："只要做到小李姐姐说的那句话就满足了。"问她那是一句什么话，她说："记住别人对自己的帮助，学会帮助别人。"

假如根据上述材料分别拟写记叙文、议论文、散文，请你为三种文体确定标题,然后选择一种文体,写作成文。

(二) 判断正误

以"窗口"为题,进行审题,题目自拟,立意自定,文体不限。请判断是否可以这样审题:

A.写这个题目,要注意实和虚,尤其要注意象征性的含义。(   )

B."窗口"可以指具体的窗户,也可以指反映或展示精神上、物质上各种现象或状况的地方,如眼睛、商场、车站等。(   )

C.窗,是眺望的视点,是连接两个世界的通道,可以表达心灵之窗、文化之窗、社会之窗、国家之窗等。(   )

D.只要你充分发挥联想、想象,窗内窗外窗自身,就有无数景色可描绘、无数故事可演绎、无数事理可论述。(   )

第二节 立意与选材把握

一、字词积累

1. 下列各组词语中字形及加点字注音完全正确的一组是（　　）
   A. 斑斓（lán）　　　潜藏（zhàng）
      狷（juàn）介　　　醇（chún）厚
   B. 峥嵘（rǒng）　　　浩劫（jié）
      羡（xiàn）慕　　　束缚（fù）
   C. 膨（péng）胀　　　炫（xuàn）目
      惋（wǎn）惜　　　生吞活剥（bō）
   D. 潸（shān）然泪下　徜（cháng）徉徘徊
      黯（àn）然神伤　　义愤填膺（yīng）

2. 下列各组词语中字形及加点字注音、解释有误的一组是（　　）
   A. 羡妒（xuàn dù）：羡慕中带一点嫉妒并生出恨意
   B. 淆乱（xiáo luàn）：混淆，混乱
   C. 新颖（xīn yǐng）：植物刚生的小芽；比喻新鲜、别致，有创新感

D. 畜牲（chù sheng）：a.指牛、马、羊、鸡、狗、猪六畜；b.詈词，谓行同禽兽的人

3. 下列各组词语中没有错别字的一组是（　　）

A. 白内瘴　白纸灯　百页窗　编缉室

B. 爆发户　拌脚石　渡假村　浮化器

C. 高品位　紧箍咒　莫须有　洽谈会

D. 入场卷　文皱皱　烟暮弹　座佑铭

4. 依次填入下列各句横线处的词语，最恰当的一组是（　　）

（1）这些由园艺工人_____培育的花卉，一定能把奥运期间的北京装点得更加美丽。

（2）近期，联合国粮农组织及世界银行等机构的专家对今后国际粮油价格的_____作出的预测。

（3）保健医生建议大家，在节日期间尽量做到心情_____，轻松度假，并且还为大家献上了一份健康套餐。

（4）许多造纸厂将废水直接排放到了淮河，淮河水变得又黑又臭，导致许多水生动植物大量减少，_____灭绝。

A. 精心　走势　弛缓　甚至　　B. 经心　走势　迟缓　直至

C. 精心　态势　弛缓　直至　　D. 经心　态势　迟缓　甚至

5. 下列没有语病的一句是（　　）

A. 这本书开拓了我的精神境界。

B. 他走到街上或坐在公园的长椅上，总有一大群孩子围着他，请他讲故事、做游戏。

C. 那种不顾林区客观实际、片面强调粮食生产，到头来只能是得不偿失。

D. 各种拳种、机械及对打，博得了观众的阵阵掌声。

二、修辞运用

1. 判断下列说法的正误。

A. 设问是无疑而问,自问自答。作用是引起注意,启发读者思考;有助于层次分明,结构紧凑;可以更好地描写人物的思想活动。（ ）

B. 反问是用疑问的形式来表达某种确定的意思,以加强语气,表达强烈的感情。（ ）

C. 反问一般是用肯定的句式表达否定的意思,用否定的句式表达肯定的意思,只问不答,答案暗含在反问句中。（ ）

D. 反问的作用是加强语气,发人深思,激发读者感情,加深读者印象,增强文中的气势和说服力。（ ）

2. 选择正确的修辞方法填入括号内。（反问或设问）

A. 难道我们学生不应该遵守《日常行为规范》吗?（ ）

B. 春风又绿江南岸,明月何时照我还?（ ）

C. 生我养我的故乡,我怎么能忘怀呢?（ ）

D. 为什么瓜秧开了花不结瓜?原来是岛上没有昆虫,西瓜开了花没授成粉。（ ）

3. 请将下列反问句改为陈述句。

（1）我难道不知道这个答案是正确的吗?

_____

（2）这家企业的负责人难道不是因为经济问题落马的吗?

_____

（3）飞机难道不是今天早上坠毁的吗?

_____

4. 请仿照示例,再写两个句子,要用上设问或反问。要求贴切适宜,句式与示例的句式相似。

示例:未经历艰难困苦的阻挡,哪会体会到功成名就的喜悦!
　　　未经历黑暗寂寞的洗礼,哪会体会到破茧成蝶的美丽!
仿写:_____

三、知识链接

(一)填空题

1. 立意,就是文章的( ),写作( ),中心思想。

2. 材料,就是写作中作者为了某一( ),从生活中搜集、摄取并且写入文章中的一系列的( )和( )。

3. 选材就是( ),是打开手中或记忆中的( ),从几个或若干个作文( )中,依据一定的选择( ),经过一番思考,( ),最后确定出其中的某一个或某几个可以用来( )的材料。

4. 主题是文艺作品中所表现的( )。它是作品内容的( )和( ),是文艺家对现实生活的( )、( )和理想的表现。

(二)多项选择题

下面说法正确的是( )

A. 真实就是合乎实际情况。文学作品中所写的一般不是生活中的真人真事,允许虚构,但却要求艺术的真实,要能反映生活的本质。

B. 新颖是指材料有代表性的，能反映事物特点的材料。选择这样的材料有助于使主题深化，能够以一当十、以少胜多。

C. 典型是能反映时代精神的，给人以新鲜感的材料。新颖的材料对读者具有一定的魅力，能引起读者的兴趣。

D. 作文审题类型为①命题作文，包括完全式、填充式（即半命题）和倾向式（即材料+题目）。②材料作文，即文字材料、图画材料。③话题作文，包括联想想象型、比喻象征型、定向暗示型、关系型。

（三）简答题

1. 立意有哪些要求？

2. 简述选材的技巧。

四、阅读理解

阅读下面的文章，回答问题。

茶垢

作者 凌鼎年

史老爹喝茶大半辈子，喝出了独家怪论："茶垢，茶之精华也！"

故而，他那把紫砂茶壶是从来不洗不擦的。因常年在手里摩挲，壶身油腻腻的，紫黑里透亮。揭开壶盖，但见壶壁发褐发赭，那厚厚的茶垢竟使壶内天地瘦了一大圈呢。

莫看此壶其貌不扬邋里邋遢，却是史老爹第一心爱之物。从不许他人碰一碰，更不要说让喝壶中之茶了。

据说此壶传之于史老爹祖上一位御笔钦点的状元之手，更有一说录此备考，即此壶较之一般茶壶有两大特色：其一，任是大暑天，此壶所泡之茶，逾整日而原味，隔数夜而不馊；其二，这也是绝无仅有的——因茶垢厚实，若是茶叶断档，无妨，白开水冲下去，照样水色如茶，其味不改。

史老爹曾无不炫耀地说过："如此丰厚之茶垢，非百年的积淀，焉能得之？壶，千金可购；垢，万金难求。此壶堪称壶之粹，国之宝……"

史老爹喜欢端坐在那把老式紫檀木太师椅上，微眯着眼，轻轻地呷上一口，让那苦中蕴甘的液体滋润着口腔，然后顺着喉道慢慢地滑下去。他悠悠然品着，仿佛在体会着祖上所遗精华之韵味，简直到了物我两忘的境界。

去年夏天，史老爹在上海工作的小儿子带了放暑假的女儿清清回古庙镇来探望老人。

清清读小学二年级，长得天真可爱。史老爹一见这天使般的孙女，自是高兴不已。大概他太喜欢这孙女了，竟破天荒地想让孙女喝一口紫砂壶中的茶。哪料到清清一见这脏兮兮的紫砂壶，直感恶心。她推开紫砂壶说："爷爷，你不讲卫生，我不喝。"

"你不喝我喝。"史老爹有滋有味地呷着品着。

第二天一早起来，史老爹照例又去拿紫砂壶泡茶。谁知不看犹可，一看刹那间两眼发直，腮帮上的肉颤抖不已，嘴巴张得大大的，如同傻了似的——原来那把紫砂壶被清洗得干干净净，里面的百年茶垢荡然无存。

僵立半晌后，史老爹突然血蹿脑门，痰塞喉头，就此昏厥于地。

清清又惊又怕，委屈得直抹眼泪。

一阵忙乎后，清清父亲赶紧用紫砂壶泡了一壶茶，小心翼翼地捧到老人面前。

恍恍惚惚中回过气来的史老爹一见紫砂壶，顿时如溺水者抓到了什么，一把抢过紫砂壶，紧紧地贴在胸口。许久，他眼泪迷糊地呷了一口。哪晓得茶才入口，即刻乱吐不已。眼神一下子黯然失色。手，无力地垂了下来，面如死灰似的。他气若游丝，喃喃地吐出："不是这味！不……是……这……味……不……是……这……味……"

（一）这篇小说的情节可分为哪几个部分？试简要归纳（每一部分不超过8个字）。

答：_____
_____。

（二）文中黑体加粗的一段文字在写法上有何特点？从全文看，有何作用？

答：_____
_____。

（三）你认为在这篇小说中"茶垢"的寓意是什么？试简要分析小说立意与选材的技巧。

答：_____
_____。

五、技能拓展

（一）阅读下面的材料，回答问题

"高尚品质的缺失，价值取向的混乱，天灾人祸的频发"都是严重的社会问题，只要这些问题存在，"忧患"就是难以消除的。

你如果从历史和现实两个角度去思考，应当如何立意？请简答。

(二) 阅读下面两则材料，回答问题

材料一：温总理说："事情有大道理，有小道理，小道理都归大道理管着。"

材料二："不随地吐痰"是人人应遵守的行为守则，是一条小道理。但随地吐痰的人多了，不讲不行了，不大大的讲更不行，以至讲到了国外，成为我国出国人员的一门"必修课"。这条小道理也就变成了大道理。

根据材料，回答下列问题：

1. 它属于无情节的文字材料。材料本身蕴涵的观点是什么？
2. 读了上述文字，你有何感想和思考？你的观点是什么？
3. 请根据材料，联系实际或你的自身体验，任选一个角度拟出写作提纲。
4. 自定立意，自拟题目，你想选用什么文体？

第三节　条理清楚地说明事物

一、字词积累

1. 下列各组词语加点字的注音完全正确的一组是（　　）
A. 蔗（zhé）糖　　　　晦（méi）气
   绯（fēi）红　　　　凝（níng）练
B. 菌痢（jūn lì）　　　蠕（rú）动
   忌讳（huì）　　　　租赁（lìn）
C. 遛（liū）达　　　　雏（chú）菊
   激亢（háng）　　　谦逊（xùn）
D. 造诣（zhǐ）　　　　肄（yì）业
   友谊（yì）　　　　诘（jí）问

2. 下列各组词语书写完全正确的一组是（　　）
A. 崭新　菜窖　一望无银　众说纷云
B. 杜撰　慨叹　繁文缛节　百无寥赖
C. 着陆　无妨　冉冉升起　责无旁贷
D. 虱子　吊念　忍气吞声　孽根祸胎

3. 依次填入下列各句横线处的词语恰当的一组是（　　）

（1）国学所包括的范围十分＿＿＿＿＿＿，展示了我国文化的多样性。

（2）以目前我们球队的实力，还不足以和去年的卫冕冠军队＿＿＿＿＿＿。

（3）为了救落入虎口的女儿，父亲冲上前去，＿＿＿＿＿＿他全身的力气，掰开还未合拢的虎嘴，硬是把女儿从血盆虎口中夺了下来。

A. 广博　抗衡　调集　　　B. 广博　抗争　调动
C. 宽泛　抗衡　调动　　　D. 宽泛　作战　调集

4. 下列各句中，加横线的成语使用不正确的一项是（　　）

A. 对于反腐倡廉，有些人只是停留在口头上，一旦<u>身临其境</u>便将之前受到的教育抛掷脑后。

B. "丰富的知识"是我院人才培养标准中的重要一环，因此我院应该在具体的教学实践中<u>身体力行</u>，努力把此项工作落到实处。

C. 他俩创作的两篇小说虽然题材不同，发表的时间也不同，却<u>异曲同工</u>，都受到了广大读者的好评。

D. <u>不言而喻</u>，20世纪的最后这十几年，中国正处于经济社会的转型期。

5. 填入下文画线处的文字，最恰当的一项是（　　）

菲尔丁说："不好的书也像不好的朋友一样，可能会把你戕害。"这话没错。但也不必为此走向另一个极端，夸大书籍对人的品格的影响。更多的情况是：＿＿＿＿＿＿。

A. 好人读了坏书受害至深，坏人读了好书受益甚微。
B. 好人读了好书取其精华，坏人读了坏书取其糟粕。
C. 好人读了好书好上加好，坏人读了坏书不可救药。
D. 好人读了坏书仍是好人，坏人读了好书仍是坏人。

6. 下列句子中，没有语病的一句是（　　）

A. 不难看出，这起明显的冤案迟迟得不到公正的判决，其根本原因是作风问题在作怪。

B. 我虽然和他只有一面之缘，但从他那里我学到了许多东西，包括他的学识和人品。

C. 可惜，这部在他心目中酝酿了很久，即将成熟的巨著未及完篇，就过早的离开了我们。

D. 公园里展出的有象征中华民族腾飞的"中华巨龙"等冰雕艺术品，也有取材于《西游记》、《海的女儿》等神话和童话故事。

7. 依次填入下面一段文字中横线处的语句，与上下文衔接最恰当的一组是（　　）

假如有人问我语文是什么，我会高兴地告诉他：＿＿＿＿＿＿＿，展开我色彩缤纷的想象；＿＿＿＿＿＿＿，牵动我亲临其境的目光；＿＿＿＿＿＿＿，教会我寓情于物的感观；＿＿＿＿＿＿＿，演绎我字正腔圆的对白＿＿＿＿＿＿＿，美化我独抒性灵的意象。

①是跌宕起伏的戏剧　　　②是天真无邪的童话
③是优雅闲适的散文　　　④是情节曲折的小说
⑤是意韵深远的诗歌

A. ④③②①⑤　　　　　　B. ②④③①⑤
C. ⑤③①④②　　　　　　D. ③①④⑤②

二、修辞运用

（一）填空题

1. 反复修辞格，就是为了强调某种意思、突出某种情感，特意＿＿＿＿＿＿使用某些＿＿＿＿＿＿、＿＿＿＿＿＿或＿＿＿＿＿＿等。

2. 反复修辞格可分为：

（1）词语反复。为凸显某种感情或某种行为，连续两次以上使用同一词语或词组，达到_____的目的。

（2）句子反复。有时为了表达内容或者结构安排的需要，要连续_____次以上使用同一个句子。

（3）_____反复。在诗歌和小说中最为常见。

3. 从形式划分，反复修辞格可分为_____反复和_____反复。

(二) 判断题

判断下列句子哪些是连续反复，哪些是间隔反复。

1. 水一定要冲、冲、冲破花瓶的封锁。（　　）

2. 旦辞爷娘去，暮宿黄河边，不闻爷娘唤女声，但闻黄河流水鸣溅溅。旦辞黄河边，暮至黑山头，不闻爷娘唤女声，但闻燕山胡骑鸣啾啾。（　　）

3. 风儿吹着！吹得人满头乱发，良久，风儿吹着！（　　）

4. 收到久别挚友的信件，实在太高兴了，太高兴了。（　　）

5. 那就是白杨树，一种常见的树；那就是白杨树，可是一种不平凡的树。（　　）

(三) 仿写

试在下列各句中选出最能表达作者语气的片段，然后加以重复使之成为一个运用反复修辞的句子。

1. 盼望着，东风来了，春天的脚步近了。

2. "我该怎么办呢？"他拿着成绩表，向父亲的房间走去。

3. "大山、月亮和核桃树，原来是这样的！"香雪走着，就像第一次认出养育她成人的山谷。

三、知识链接

（一）填空题

句子排序问题应该注意以下几个问题：

1. 揣摩语段的_____（整体 局部）意义，理清选项内容所提供的信息和表达内容的_____（主旨 细节）。

2. 分析选段内容与整体语段的语境的_____（区别 联系）。

3. 通过对选项的_____（对比 个别）分析，排除干扰选项。

4. 排序后通读语段，看看整个语段衔接是否紧凑合理。

一般来说，语段的顺序主要有_____顺序、_____顺序和逻辑顺序。

5. 从写作目的上来说，说明文写作是一种_____写作，目的在于对事物、事理作客观说明，而不是为作者主观上抒发情感。

6. 说明文的主要特点是_____性和_____性。

（二）简答题

1. 在不同的依据下，说明文如何分类？

2. 简述说明文常见的几种说明顺序及其内涵。

四、阅读理解

(一) 阅读下文,回答问题

越来越接近精神的天空

作者　李汉荣

人,在人群里行走寻找他的道路,在人群里说话寻找他的回声,在人群里投资寻找他的利润,在人群里微笑寻找回应的表情。生而为人,我们不可能拒绝人群,虽然喧嚣膨胀的人群有时是那么令人窒息,让人沉闷,但我们终不能一转身彻底离开人群。

人群是欲望的集结,是欲望的洪流。一个人置身于人群里,他内心里涌动的不可能不是欲望,他不可能不思考他在人群里的角色、位置、分量和份额。如果我们老老实实化验自己的灵魂,会发现置身人群的时候,灵魂的透明度较低,精神含量较低,而欲望的成分较高,征服的冲动较高。一颗神性的灵魂,超越的灵魂,丰富而高远的灵魂,不大容易在人群里挤压、发酵出来。在人群里能挤兑出聪明和狡猾,很难提炼出真正的智慧。我们会发现,在人口密度高的地方,多的是小聪明,绝少大智慧。在人群之外,我们还需要一种高度,一种空旷,一种庄静,去与天地对话,与万物对话,与永恒对话。伟大的灵魂、伟大的精神创造就是这样产生的。孔子独对大河而感叹时间的不可挽留:"逝者如斯夫,不舍昼夜";庄子神游天外寻找精神的自由飞翔方式;佛静坐菩提树下证悟宇宙人生之般若智慧;法国大哲帕斯卡尔于寂静旷野发出哲人浩叹:"无限空间的永恒沉默使我恐惧";李白

"登高壮观天地间，大江茫茫去不还"，他不羁的诗魂飞越无限，把多半条银河引入人间，灌溉了多少代人的浪漫情怀；爱因斯坦把整个宇宙作为自己科学探究和哲学思考的对象，他认为人的最大成就和最高境界不过是通过对真理的求索，获得与宇宙对称的灵魂，由此，人变得辽阔而谦卑，对这个无限地存在着也永恒地包裹我们的伟大宇宙献上发自内心的敬意……正是这些似乎远离人群的人，为人群带来了太丰盛的精神礼物，在人群之上利益之外追寻被人群遗忘了的终极命题，带着人群的全部困惑和痛苦而走出人群，去与天空商量，与更高的存在商量，与横卧在远方也横卧在我们内心深处的"绝对"商量，然后将思想的星光带给人群，带进生存的夜晚。

为此我建议哲学家或诗人不该有什么"单位"，在"单位"里、在沙发上制作的思想，多半只有单位那么大的体积和分量，没有普世价值。把存在、把时间、把宇宙作为我们的单位吧，去热爱、去痛苦、去思想吧。

作为芸芸众生的一员，我也不愿总是泡在低处的池塘里，数着几张钱消费上帝给我的有限时光。我需要登高，需要望远，我需要面对整个天空作一次灵魂的深呼吸，我需要从精神的高处带回一些白云，擦拭我琐碎而陈旧的生活，擦拭缺少光泽的内心。

我正在攀登我的南山。目光和灵魂正渐渐变得清澈、宽广，绿色越来越多，白云越来越多，我正在靠近伟大的天空……

[注] 这是作者《南山》系列散文中的一篇，南山位于作者故乡。

1. 作者认为"生而为人，我们不可能拒绝人群"的原因是（不超过 20 个字）。

2. 孔子、庄子、释迦牟尼、帕斯卡尔、李白、爱因斯坦在作者眼中是"似乎远离人群的人"，你如何理解文中"似乎"一词的含义？文章列举这些人物有何作用？

3. 从全文看，"精神的天空"具体指什么？请概括作者期望自己"接近精神的天空"的原因。

4. 下列对这篇散文的赏析，错误的两项是（　　）和（　　）

A. 文章开头以排比的手法含蓄地表达了个人与人群之间的紧密联系，接着笔锋一转，写人群"令人窒息"、"让人沉闷"，为后文提出远离人群的主张作了暗示和铺垫。

B. 第二段中"挤压"、"发酵"、"挤兑"等动词的运用，避免了与下文"提炼"一词的重复，并使文章的语言变得更加生动形象，富有变化。

C. 通过深沉的思考、努力的探索，"我"的眼界变得开阔，思想变得澄明，琐碎而陈旧的生活也由此得到改变。

D. 作者建议哲学家或诗人不该有单位，认为这种机构限制了人们的思想，很难提炼出真正的智慧，使人无法达到精神的高处。

E. "低处的池塘"和"高处的白云"在文中是一对富有象征意义的意象，作者借它们含蓄地表达了对两种不同境界的理解。

（二）阅读下文，回答问题

驾车撞人逃逸后，陈文本想到事故现场静观事态发展再作打算，没想到办案民警瞧出破绽，逮个正着。

9月12日19时20分，陈文驾驶白色"昌河"牌微型面包车由南向北行驶至房山煤矿厂区附近时，将行人罗玉伯、王志国撞出，造成罗玉伯死亡，王志国受伤。为逃避法律制裁和经济赔尝，陈文不仅未停车救人，反而驾车加速驶离现场。为掩盖罪证,又胫直将车开到燕山某汽车修理厂,谎称汽车撞到树上需要维修。但做了亏心事的他并未踏实下来,稍稍喘息后,又鬼使神差地回到事故地点,想借着夜幕看个究竟,以便作进一步打算。

房山交通支队燕山队事故组办案民警在现场发现了一块贴有环保标志的玻璃碎片,上面清晰地写着车牌号。为尽快破案又赶至北京市矿务局房山矿公安科请求配合,公安科的同志和办案民警在调查时,忽然发现一围观青年形迹可疑。该青年对这起事故表现出了少有的关心,还向别人一再打听破案的进展情况。每当与民警视线相遇,男青年便千方百计躲到人后与阴暗处,办案民警顿觉蹊跷,遂向公安科的同志说明,公安科的同志悄然辨认后,认定这个男青年就是陈文,民警不动声色地靠了过去……

陈文现已被房山交通支队依法刑事拘留。

1. 第1段中有1个句子在句式选择上有问题,请加以改正,把修改后的语句写在下面的横线上。

　　_____

2. 第2段中有4个错别字,请加以改正,并将正确的字写在下面的横线上。

　　_____、_____、_____、_____。

3. 第3段中有两处语病,请加以改正,把正确的句子写在下面的横线上。

(1) _____
(2) _____

五、技能拓展

1. 请运用本节课所学内容,对我校技能节上某个项目的比赛片段进行描写。要求条理清晰，能按照一定顺序把该比赛的部分过程说明清楚。

2. 请运用本节课所学内容，描写你家乡一道名菜的制作过程，不少于150字。

第四节　写出人物的个性

一、字词积累

1. 下列各组词语加点字的注音完全正确的一项是（　　）
A. 凹(āo)陷　　　　蜕(tuì)变
　 侮(wǔ)辱　　　　荤(hūn)菜
B. 湮(yín)没　　　 岑(cēn)寂
　 编辑(jí)　　　　 厮(sī)守

C. 盥（guàn）洗　　　　　屠戮（lù）
　　撰（gòng）写　　　　　赎（dú）罪
D. 瘦削（xuē）不堪　　　　立仆（pū）
　　蓦（mù）然　　　　　　崭（zhǎn）新

2. 选出有两个错别字的一组（　　）
A. 超俗不羁　藕断丝连　斟酌再三　美味佳肴
B. 取悦于人　意味隽咏　妄费心机　触类旁通
C. 朝夕揣摹　惴惴不安　烘托气氛　忠贞不瑜
D. 乐府双璧　潜移默化　铜云密布　惊心动魄

3. 依次填入下列各句横线处的词语正确的一项是（　　）
（1）他作为一名技师学院的新老师，刚上任就碰上这样一件棘手的事情，实在不知道该怎样＿＿＿＿才好。
（2）亚洲金融危机烙下的累累伤痕，催人＿＿＿＿，发人深思。
（3）通过合理的制度和技术改革，提高了公司的＿＿＿＿，大家工作更有动力了。

　　A. 处治　警戒　功效　　　B. 处置　警醒　工效
　　C. 处置　警戒　工效　　　D. 处治　警醒　功效

4. 下列各句没有语病的一句是（　　）
A. 电影《生死抉择》上映后，原小说也被人们青睐，争相购买，以致书店里排起了长蛇阵。
B. 李固是东汉时期的一个高级官吏，他的一生可以说是和外戚、宦官斗争的一生，最后终于被皇帝的妻舅大将军梁冀迫害致死。
C. 省教育学院举办的网络培训班，为教研室，尤其是为省市重点中学培训了一批骨干教师和资料管理员。
D. 专家认为，减少烟害，特别是劝阻青少年戒烟，对预防肺癌有重要意义。

5. 填入下面横线处的语句，与上下文衔接最恰当的一项是（ ）

曾宪先生对中国内地的总捐资额超过四亿元人民币。有人这样问他：有钱快乐，还是没钱快乐？曾宪先生这样回答："_____。不要成为钱财的奴隶，要做钱财的主人。"

①我不算有钱
②穷人有穷人的快乐，有钱人有有钱人的苦恼
③有钱不一定快乐
④要看你怎么用
⑤只是我把钱用在有益的事业上

A. ①③②④⑤　　　　　B. ①⑤②③④
C. ③②④①⑤　　　　　D. ②③④①⑤

二、修辞运用

（一）填空题

1. 顶真，也称顶针、联珠、蝉联，是一种修辞方法，是指上句的_____与下句的_____使用相同的字或词，用以修饰两句子的声韵的方法。（注意：使用这个方式时，无须限制上下句的字数或平仄，但上下句交接点一定要使用相同的字或词。）

2. 用顶真法创制的联语，要做到语句递接紧凑、生动明快方为佳联。顶真与叠字形式相仿，但本质却不同，顶真可以是一个单字，也可以是一个_____，既可以单次使用，也可以_____使用。

3. 顶真可分为连珠法顶真和连珠体顶真。
（1）连珠法顶真，即_____与_____之间的顶真，如：

"归来见天子,天子坐明堂。""军书十二卷,卷卷有爷名。"(出自《木兰辞》)

(2)连珠体顶真,即_____与_____之间的顶真,如:"下武维周,世有哲王。三后在天,王配于京。王配于京,世德作求。"(出自《诗经》)

(二)填空题

1. 请在横线上填入适当词语,使该句话构成顶真修辞。

(1)我喜欢写日记,_____里有着我的喜怒哀乐,有着我生命的每一天。

(2)妹妹先背曲谱,_____背完后,接着做演奏练习,_____数遍,才去休息。

(3)童年就像定格的照片,_____也许发黄了,往事却不会轻易被忘记。

2. 成语接龙。

要求:(1)和例题的形式相似,使成语之间构成顶真。

(2)必须是同字不可用谐音。

(3)单个成语字数不限。

例:一马当先 先见之明 明明白白 白虹贯日 日新月异 异想天开

(1)寡不敌众 _____ _____ _____ _____ _____
(2)郎才女貌 _____ _____ _____ _____ _____

(三)改写题

改写下列句子,使之成为运用顶真修辞的一句话。

大肚能容天下难容之事;开口便笑世间可笑之人。

班上的投影仪坏了,无法使用,严重影响了我们上课,后果很严重。

松竹叶翠,秋雁声寒。

三、知识链接

填空题

1. 个性特征,是指一个人在思想、行为、习惯等方面_____他人的_____。这些是在特定的社会环境和生活经历中形成的。善于表现人物个性特征的文章,才有可能打动读者。

2. 常见的用于描写人物的手法(从人物的角度来划分)有_____描写、_____描写、_____描写、_____描写和细节描写等。

3. (从写作技巧角度划分)正面描写是_____写出人物的外貌、言行、心理活动的描写手法;而_____描写则是通过他人之口、之眼来刻画人物的手法;_____描写则是将不同的人物面对相同的事物作出不同的反应抖落出来,从而凸显人物个性的方法;而_____法则是描写人物在特定时代背景或自然环境下的言行、心理从而表现人物性格形象的手法。

四、阅读理解

（一）打工仔

　　小岩村出了个深圳打工仔，那是发爷的满崽阿贵。

　　阿贵春节回来的时候，花格子西装，棕色牛皮鞋，还戴着以为是个流氓的乌黑墨镜，招得村里人议论纷纷。好在初一孩子们到发爷家拜年，阿贵给每个娃儿一块钱，人们才意识到阿贵不是流氓，倒像个老板。于是，村里的老老少少开始向阿贵靠近。

　　阿贵，你在深圳干什么？有人想探听阿贵有钱的原因。阿贵只是笑而不答。就连阿贵的老子发爷也不知道。但是，人们百分之二百地肯定：阿贵这小子发了。

　　人们的猜测百分之二百正确。正月初五，阿贵就要发爷跟他去深圳看世界，发爷不肯去。阿贵就死缠，说："爹，你就去吧，这把年纪了，再不去看看那里的热闹世界就没有机会了。"发爷还是不肯去。阿贵就说："爹，跟我去一趟吧，反正我在那边又不干坏事。"发爷听了阿贵这句话，心里亮堂了几分。最后，在乡邻们的劝说下，发爷跟阿贵到了深圳。

　　深圳这个五彩缤纷的城市，在发爷眼里就是天堂。阿贵陪父亲逛了深圳的几个风景点，最后告诉父亲怎么过马路、怎么回家就自个儿上班去了。头两天，发爷不敢离开阿贵的房间。至多是在他房门口看行人，看车辆，看他从未看到过的热闹景象。过了几天，发爷的胆子就大了。能够远离阿贵的住房，沿街去瞧去望。阿贵很忙，除了按时给发爷准备三餐外，整天早出晚归。

　　这天，发爷转到了一个比较繁华的地方，发现有个胖女人坐在那里，双眼微闭，她的双脚被一个人抱着。发爷很好奇，走到旁边看热闹。抱脚的人很投入，正在用小刀给女人修脚指甲。指甲被修整得圆圆的，抱脚人又用小刀将指甲刮了一遍又一遍，然后涂上红油，很好看，也很新鲜。发爷在这里出神地站了近十分钟。胖女人给抱脚人付了20块钱，抱脚人躬腰连说谢谢。抱脚人转过身，发爷的脑神经被重重地刺了一下：抱脚人竟是自己的儿子阿贵！

发爷不等阿贵喊出半个"爹"字，就给了阿贵一耳光，脖筋如蚯蚓般地骂道："没出息的东西，想不到你干的竟是这等活！跟我老老实实回家种田去！"

这一晚发爷半粒米都没吞下。第二天，不管阿贵怎么求，发爷还是回到他的小岩村。乡邻们很高兴地围着发爷讲深圳，发爷就说深圳的车子好看房子好看。有人问阿贵在那好吗？发爷说："好好。"但是，发爷从此就病倒了，病得让人越来越为他惋惜：放着好日子不过，就要走了。

阿贵从深圳赶回来的时候，发爷已经咽了气。阿贵跪在发爷的灵床边不愿起来。

发爷快入殓的时候，阿贵用小刀给发爷修了脚指甲，圆圆的，然后用指甲油涂了一遍又一遍，很好看，也很新鲜。小岩村的人都说发爷的脚指甲很好看，很新鲜。

1. 小说开头写阿贵回村过春节的情景，有三个作用，请写出来。

2.（1）发爷发现儿子在深圳替人修脚，又打又骂，回来后气病而死，他为什么会这样？（不超过15个字）

（2）发爷是个什么样的人物？（不超过15个字）

3.（1）阿贵对修脚是怎么看的？（不超过15个字）

（2）村里人问他在深圳干什么，他为何笑而不言？（不超过10个字）

（3）阿贵是个什么样的人物？（不超过20个字）

4. 对这篇小说的赏析、评价，不正确的两项是（　　）和（　　）

A. 这篇小说采用了先扬后抑的手法推进情节，阿贵从深圳回家过年，不啻"天堂"来客。发爷到那里一看，果然是个"天堂"。陡笔一转，发现儿子原来在天堂里替人修脚，如五雷轰顶，气病而死。

B. 这篇小说深沉凝重，发人深省，反映了两种思想观念的冲突。作者对阿贵是批评讽刺的，对发爷是赞美同情的。

C. 发爷看阿贵替人修脚的一幕，颇有讽刺意味，他先是"好奇"，"出神地站了近10分钟"，觉得脚指甲涂上红油，"很好看，很新鲜"；后来发现抱脚人竟是自己的儿子，就又打又骂。

D. 发爷死后，阿贵在众乡亲面前为他修脚，这表明阿贵在向发爷忏悔，决心痛改前非，重新做人。

E. 发爷死的这个结局既使阿贵很伤心又让他获得了解放，这预示了阿贵将有比父辈更好的命运。

F. 这篇小说采用白描手法刻画人物，质朴无华而形象生动。

（二）

我为一位死者哭泣，我向这位不朽者致敬。

昔日我曾经爱慕过她，钦佩过她，崇敬过她，而后，在死神带来的庄严肃穆之中，我出神地凝视着她。

我祝贺她，因为她所做的是伟大的；我感激她，因为她所做的是美好的。我记得，曾经有一天，我给她写过这样的话："感谢您，您的灵魂是如此伟大。"

难道说我们真的失去她了吗？不！

那些高大的身影虽然与世长辞，然而他们并未真正消失，无非如此，人们甚至可以说他们已经自我完成。<u>他们在某种形式下消失了，但是在另一种形式中犹然可见。</u>这真是崇高的变相。

人类的躯体乃是一种遮掩，它能将神化的真正面貌——思想——遮掩起来。乔治·桑就是一种思想，她从肉体中超脱出来，自由自在，虽死犹生，永垂不朽。啊，自由的女神！

当法兰西遭到人们的凌辱时，完全需要有人挺身而出，为她争光载誉。乔治·桑永远是本世纪的光荣，永远是我们法兰西的骄傲。这位荣誉等身的女性是完美无缺的。

<u>列举她的杰作显然是毫无必要的，重复公众的记忆又有何益？</u>她的那些杰作的伟力概括起来就是"善良"二字。乔治·桑确实是善良的，当然她也招来某些人的仇视。崇敬总是有它的对立面的，这就是仇恨。有人狂热崇拜，也有人恶意辱骂。仇恨与辱骂正好表现人们的反对，或者不妨说它表明了人们的赞同——反对者的叫骂往往会被后人视为一种赞美之辞。谁戴桂冠就招打，这是一条规律。咒骂的低劣正衬出欢呼的高尚。

像乔治·桑这样的人物，可谓公开的行善者。他们离别了我们，而几乎是在离逝的同时，人们在他们留下的似乎空荡荡的位

子上发现新的进步已经出现。

每当人间的伟人逝世之时,我们都听到强大的振翅搏击的响声。一种事物消灭了,另一种事物降临了。劳动者离去了,但他们的劳动成果留了下来。

乔治·桑虽然与我们永别了,但她留给我们以女权,充分显示出妇女有着不可抹杀的天才。正由于这样,革命才得以完全。让我们为死者哭泣吧,但是我们要看到他们的业绩。具有决定性意义的伟业,得益于颇可引以为骄傲的先驱者的英灵精神,必定会随之而来。一切真理,一切正义正在向我们走来。这就是我们听到的振翅搏击的响声。

让我们接受这些卓绝的死者在离别我们时所遗赠的一切!让我们去迎接未来!让我们在静静的沉思中,向那些伟大的离别者,为我们预言真理和正义将要到来的伟大女性致敬!([法]雨果)

1. "他们在某种形式下消失了,但是在另一种形式中犹然可见",这句话中"消失"是指_____,"犹然可见"是指_____。

2. "列举她的杰作显然是毫无必要的,重复公众的记忆又有何益?"这句话的意思是什么?

答:_____

3. 根据倒数第二段的文意,乔治·桑的"英灵精神"具体指的是什么?

答:_____

4. 从全文看,乔治·桑引起雨果爱慕、钦佩、崇敬、祝贺、感激的原因有哪些?

答:(1)_____

(2)_____

(3)_____

(4)_____

（5）_____

五、技能拓展

写作训练

1. 用本节学到的写出人物个性的方法，写一个描写人物的片段。要求写你目前所在班上的一位同学，200字左右。写完之后在班上朗读，让同学们猜猜是谁。

2. 用本节课所学技巧，写一个古代名人，200字左右。

3. "魔鬼辞典"。很多东西，由于其自身特点，可以解读出不同的内涵。请依照例句的形式，把以下几种东西写出自己的"个性"，有越多种解读方式越好。

例：竹子

空有漂亮的外衣，却无坚实的内涵。

（1）镜子

（2）水杯

(3)枕头

(4)钟表

4. 英国诗人大卫是一位木匠的儿子,有一次遇到一个纨绔子弟,这个傲慢的家伙想借题奚落诗人,于是他高声地问:"阁下的父亲是不是个木匠?"诗人答道:"是的。"纨绔子弟挖苦说:"那他为什么没有把你培养成木匠?"

请你代诗人大卫拟写几句话来反击纨绔子弟。